LINGUISTIC SURVEYS OF AFRICA

Volume 28

AFRICAN LANGUAGES/ LANGUES AFRICAINES

AFRICAN LANGUAGES/ LANGUES AFRICAINES

1979 (Number 2)

Edited by
KAHOMBO MATEENE, P. AKỤJỤOBI
NWACHUKWU AND DAVID DALBY

LONDON AND NEW YORK

First published in 1979 by International African Institute with OAU Inter-African Bureau of Languages

This edition first published in 2018
by Routledge
2 Park Square, Milton Park, Abingdon, Oxon OX14 4RN

and by Routledge
711 Third Avenue, New York, NY 10017

Routledge is an imprint of the Taylor & Francis Group, an informa business

© 1979 International African Institute

All rights reserved. No part of this book may be reprinted or reproduced or utilised in any form or by any electronic, mechanical, or other means, now known or hereafter invented, including photocopying and recording, or in any information storage or retrieval system, without permission in writing from the publishers.

Trademark notice: Product or corporate names may be trademarks or registered trademarks, and are used only for identification and explanation without intent to infringe.

British Library Cataloguing in Publication Data
A catalogue record for this book is available from the British Library

ISBN: 978-1-138-08975-4 (Set)
ISBN: 978-1-315-10381-5 (Set) (ebk)
ISBN: 978-1-138-10207-1 (Volume 28) (hbk)
ISBN: 978-1-138-10236-1 (Volume 28) (pbk)
ISBN: 978-1-315-10364-8 (Volume 28) (ebk)

Publisher's Note
The publisher has gone to great lengths to ensure the quality of this reprint but points out that some imperfections in the original copies may be apparent.

Disclaimer
The publisher has made every effort to trace copyright holders and would welcome correspondence from those they have been unable to trace.

AFRICAN LANGUAGES
LANGUES AFRICAINES

LANGUES ET EDUCATION EN AFRIQUE
LANGUAGES AND EDUCATION IN AFRICA

INTERNATIONAL AFRICAN INSTITUTE
OAU INTER-AFRICAN BUREAU OF LANGUAGES

AFRICAN LANGUAGES/LANGUES AFRICAINES

Combining the African Language Review
of Fourah Bay College (University of Sierra Leone)
and the
Journal of African Languages of Michigan State University

VOLUME 5 (1979) 2

Editors/Rédacteurs

Kahombo Mateene
OAU Inter-African Bureau of Languages
P O Box 7284
Kampala
Uganda

P. Akụjụobi Nwachukwu
Department of English
University of Nigeria
Nsukka
Nigeria

David Dalby
International African Institute
210 High Holborn
London WC1V 7BW
United Kingdom

Editorial Board/Comité de Rédaction

Pierre Alexandre (Paris)
Hazel Carter (London)

Ayọ Bamgboṣe (Ibadan)
Abdul Karim Turay (Freetown)

Published by/Publié par

INTERNATIONAL AFRICAN INSTITUTE
INSTITUT AFRICAIN INTERNATIONAL

with/avec

OAU INTER-AFRICAN BUREAU OF LANGUAGES
BUREAU LINGUISTIQUE AFRICAINE DE L'OUA

© International African Institute, 1979

AFRICAN LANGUAGES/LANGUES AFRICAINES

Volume 5 (2) 1979

LANGUES ET EDUCATION EN AFRIQUE   *LANGUAGES AND EDUCATION IN AFRICA*

CONTENTS

Preface	Amadou-Mahtar M'Bow, Directeur-Général de l'UNESCO	i
Introduction	David Dalby, Directeur de l'IAI	iv
Extrait de l'Allocution d'ouverture	Mbulamoko Nzenge Movoabe,	vi
Rapport Général	Elungu Pene Elungu, Rapporteur Général du Séminaire	xi
Contributors		xxi

The development of Somali as a national medium of education and literature
  by B W Andrzejewski — 1

Four rationalisations for maintaining European languages in Africa: a critique
  by G Ansre — 10

African language education: a sociolinguistic perspective
  by Ayọ Bamgboṣe — 18

Language and education in the Sudan: present trends
  by J D Gabjanda and H Bell — 28

Problematique du bilinguisme et du plurilinguisme au Zaire: héritage colonial et situation actuelle
  par W LUPUKISA — 33

Les langues africaines comme véhicule d'autres langues africaines
  par K MATEENE — 45

Suggested syllabus for a three year nursery education followed by a five-year primary education in African languages
  by F Mbassi-Manga — 54

The Tanzanian experience in the use of an African language in education: a case for Swahili
  by G Mhina — 63

Réflexions sur les méthodes et matérieux d'enseignement de la lecture aux adultes Mosi
  par N NIKIEMA — 72

Le Kirundi, instrument de développement politique, économique et culturel
  par J B Ntahokaja — 87

Small languages in primary education: the Rivers Readers project as a case history
  by K Williamson — 95

Appendix: List of Papers presented at Kinshasa
  Liste des articles présentéé àKinshasa — 106

PREFACE

PAR

LE DIRECTEUR GENERAL DE L'UNESCO

Le présent ouvrage vient à point. Fruit du colloque tenu à Kinshasa en 1976 sur le thème "African Languages in Education: Langues et Education en Afrique", ayant ouvert la voie au colloque de 1978 sur l'harmonisation des langues africaines,[1] il témoigne de l'évolution de la réflexion et de la recherche sur l'utilisation des langues africaines comme instrument éducatif et culturel. L'Institut Africain International peut à juste titre être loué d'avoir pris l'initiative d'organiser ses réunions qui aident à mieux saisir les difficultés mais font aussi entrevoir les solutions possibles à des questions qui intéressent au premier chef les populations africaines, leurs modes de pensée, d'action et de communication, c'est-à-dire l'un des aspects fondamentaux de leur identité culturelle.

Facteur d'indépendance, garant d'authenticité, instrument de cohésion sociale, l'usage des langues africaines s'inscrit désormais de plus en plus dans les politiques éducatives et culturelles comme dans les plans de développement. Il marque le parcours qui mène de l'aliénation à la prise de conscience.

Tout effort de promotion éducative des langues africaines conduit à s'interroger sur les finalités mêmes de l'éducation et sur le caractère de la culture. L'éducation ne saurait en effet contribuer vraiment au progrès des sociétés africaines que si elle s'inscrit dans une problématique globale intégrant les facteurs politique, économiques, sociaux et culturels. A la limite, alphabétiser, enseigner, instruire, ne suffisent pas, dès lors que l'équilibre des différents apports dont se nourrit l'éducation se trouve compromis.

En dépit des immenses efforts consentis, force est de constater, dans de nombreux pays africains, des déperditions scolaires impressionnantes. Or, le recours aux langues étrangères dans l'enseignement apparaît souvent comme la cause principale de tels échecs dans la mesure où il tend à former des êtres dépersonnalisés et à renforcer la marginalisation du monde rural qui constitue pourtant la majorité de la population. Le recours à la langue maternelle dans l'éducation permet, au contraire, à la fois une acquisition plus facile des premiers concepts et un contact étroit avec l'héritage culturel du peuple auquel appartient l'enfant.

C'est donc pour que le développement ne conduise pas à une nouvelle forme d'aliénation - la plus pernicieuse, celle de l'esprit - que s'est imposée la nécessité d'orienter résolument les systèmes éducatifs vers les réalités africaines.

i

Cette démarche commence à dévoiler les prodigieuses richesses d'une forme culturelle et sociale prédominante en Afrique, à savoir la tradition orale. Profondément enracinée dans la société, transmise de génération en génération celle-ci assure des fonctions multiples et constitue un véritable enseignement autant moral que cognitif. Enseignement sur le passé, la tradition orale situe l'individu dans son milieu et dans le monde; enseignement sur le présent, elle apprend à l'enfant les comportements, les croyances et les normes qui lui permettent de développer sa personnalité; instrument de socialisation enfin, elle révèle l'étroitesse des liens existent entre la langue et la pratique de la vie quotidienne.

La recherche en matière de tradition orale a amené tout naturellement à reconnaître aux langues africaines le rôle éminent et irremplaçable qu'elles jouent en tant que source, support et véhicule de la pensée et des cultures africaines et comme facteur de communication sociale pour l'immense majorité des populations. De sorte qu'il s'agit à présent de revaloriser les langues africaines, non plus aux fins d'une réhabilitation idéologique, mais en vue de permettre à travers elles l'accès du plus grand nombre aux savoirs les plus modernes. Il ne suffit plus d'étudier ces langues comme des objets, il faut étudier *dans* ces langues, qui seules peuvent garantir l'authenticité du vécu. Car, si les Etats africains reconnaissent la nécessité de prendre une part active à la vie nationale, il est évident que les masses populaires demeureront à l'écart de ce mouvement aussi longtemps que l'éducation, à commencer par l'alphabétisation, ne leur sera pas prodiguée dans leurs langues maternelles.

Je vois là non pas l'amorce d'un repli sur soi-même ou d'un retour nostalgique au passé mais au contraire la possibilité pour les Africains de contribuer plus efficacement au développement de leur continent et de participer, dans la dignité retrouvée et le respect de toutes les cultures, à l'oeuvre de coopération internationale. Au demeurant, l'emploi des langues africaines n'a rien d'incompatible avec la reconnaissance de l'importance que présentent pour l'Afrique les langues internationales de communication. Les deux groupes de langue apparaissent comme complémentaires et non pas exclusifs l'un de l'autre. Mais, ainsi que j'ai déjà eu l'occasion de le souligner en plusieurs occasions, la réponse est du seul ressort de la décision politique et technique des gouvernements du fait que l'acte éducatif est d'abord un acte national.

Cela dit, il me plait de constater que le présent ouvrage rejoint les lignes essentielles du programme de l'Unesco touchant à l'identité culturelle des peuples africains selon des objectifs définis ces dernières années par les Etats africains eux-mêmes au cours de trois réunions importantes. En 1972 était adopté par la Conférence générale le "Plan décennal pour l'étude systématique de la tradition orale et la promotion des langues africaines comme véhicule de culture et instrument d'éducation permanente". En 1975, à Accra, la Conférence des Ministres africains de la Culture marquait ensuite une étape décisive pour la reconnaissance des langues africaines dans la vie nationale. C'est à Lagos enfin, en 1976, que les modalités d'action au plan éducatif ont été précisées par la Conférence des Ministres africains de l'éducation. Cette convergence dans les préoccupations et dans l'analyse explique pourquoi, en ma double qualité d'Africain et de Directeur général de l'Unesco, je souhaite à cet ouvrage la large diffusion qu'il mérite.

Amadou-Mahtar M'Bow

NOTES

1.   Réunion d'Experts sur la Transcription et l'Harmonisation des Langues Africaines (UNESCO, Niamey 1978).

Summary

PREFACE

BY

THE DIRECTOR GENERAL OF UNESCO

The Director General of UNESCO welcomes this volume of papers and congratulates the IAI on having initiated the Seminar at which they were presented. He emphasizes the great importance of African languages in the life of any African nation and the tremendous efforts required of such states in incorporating African languages into their educational systems. He points out the dangers of divorcing African languages from the development plans of any nation, and of the alienation of those whose languages do not find a role in education. This is not a form of nostaligia: it is a way of ensuring the participation of all in the life of their country. Nor is it incompatible with a recognition of the importance of international languages of communication.

Finally he welcomes the volume as following the essential lines of the UNESCO programme for cultural identity, objectives defined in conferences of 1972, 1975 and 1976. As an African and as Director General of UNESCO he hopes this volumes will reach the wide audience it deserves.

INTRODUCTION

BY

THE DIRECTOR, INTERNATIONAL AFRICAN INSTITUTE

The International African Institute (IAI), the International Congress of African Studies (CIAF) and the Université Nationale du Zaïre (UNAZA) held a joint seminar on "African Languages in Education: Langues et Education en Afrique", at N'Sele, near Kinshasa, between 13th and 15th December 1976. For the IAI, this was the fourteenth International African Seminar held since 1959 in conjunction with universities and research institutions in Africa.[1]

The initial planning for the seminar began in 1974, when the IAI strengthened its 50-year old commitment to the written development of African languages through the establishment of a separate Language and Education Unit, thanks to generous support from the Ford Foundation. The first IAI research fellows in language and education have included Dr. Carew Treffgarne (UK), Dr. Abdul Karim Turay (Sierra Leone) and Dr. Akụjụobi Nwachukwu (Nigeria): Dr. Turay played an important role in the initial planning of the Kinshasa Seminar, and Dr. Nwachukwu in its overall organisation and realisation. The subsequent programme of the Unit, involving research fellows from France, Gambia, Ghana, Somalia and UK, has been financed in part by the Leverhulme Trust Fund, to which sincere gratitude must also be expressed.

The primary aim of the Seminar was to establish a forum for the wider continental exchange of experience, in the field of African languages in education, and for the examination of common problems, both practical and ideological. A joint invitation, outlining the objectives, was sent early in 1976 to prospective participants in Africa and elsewhere (from a list agreed between IAI and CIAF), and requesting submission of papers in advance of the Seminar. The majority of the papers submitted were received by Dr. Nwachukwu at the IAI, from where they were duplicated and despatched to Kinshasa.

The Seminar, attended by over 50 specialists from twelve African and six non-African countries, was opened at N'Sele, near Kinshasa, by Monseigneur Tshibangu Tshishiku (Rector of UNAZA, President of CIAF and Vice-Chairman of IAI), Professor Jacob Ajayi (Vice-Chancellor of the University of Lagos and Vice-Chairman of IAI), and Professor Mbulamoko Nzenge Movoambe (State Commissioner for National Education, Republic of Zaïre). The present volume contains a selection of the materials submitted to or arising from the Seminar, beginning with a major part of the State Commissioner's opening address and a general report prepared by Professor Elungu Pene Elungu, Rapporteur Général of the Seminar. Professor Elungu's report covers the opening and initial plenary session of the Seminar, together with the resolutions of the three working groups set up to consider the large number of papers presented (as listed in the Appendix to this volume). Problems of space and costs have made it necessary to publish here only a selection of the many excellent written contributions to the Seminar, the choice having been made on grounds of complementarity of the articles included as well as the breadth of their general interest.

The IAI wishes to express its sincere thanks to all those who contributed papers to the Seminar, whether published or unpublished, and who participated in the discussions of the working groups. Dr. Nwachukwu, Professor Mudimbe and Professor Elungu merit a particular expression of gratitude for their role in the Seminar's organisation, together with their colleagues in the CIAF, UNAZA and IAI secretariats. The IAI is indebted to the President and people of Zaïre, and to the Rector and National University, for the hospitality and facilities so readily made available at Kinshasa. Above all, gratitude is due to the Ford Foundation for their financial support and guidance in the organisation of the Seminar, and especially to Mr. Mel Fox, the Foundation's adviser on Education in Africa.

For the editing and preparation of this volume, acknowledgements are due to Odarkai Bannerman and Elizabeth Dunstan-Mills, both of the IAI secretariat.

David Dalby

NOTE

1. The IAI's fifteenth International African Seminar has subsequently been held in Zaria, jointly with Ahmadu Bello University, on the subject of "Pastoralists of the West African Savannah" (July 1979, seminar volume in preparation).

Résumé

INTRODUCTION

Le séminaire de Kinshasa était le quatorzième organisé par l'IAI depuis 1959 en collaboration avec les universités et les institutions de recherches en Afrique. Le séminaire a été organisé dès 1974 quand l'IAI a créé sa section Langues et Education grâce à une subvention de la Fondation Ford. Deux des chercheurs de cette section, MM. Turay (Sierra Léone) et Nwachukwu (Nigéria) ont pris part à la préparation et à l'organisation du séminaire qui a réuni plus de 50 spécialistes venant de douze pays africains et six pays non africains. Une liste de toutes les contributions présentées à Kinshasa se trouve en annexe de ce volume. Pour des raisons financières, seule une sélection de ces communications, basée sur les principes de complémentarité et d'intérêt général, a pu être incorporée au volume. Le Directeur désire exprimer ses sincères remerciements à tous les personnes ayant participé au séminaire et contribué à sa réalisation.

EXTRAIT DE L'ALLOCUTION D'OUVERTURE PRONONCE PAR PROFESSEUR MBULAMOKO, COMMISSAIRE D'ETAT CHARGE DE L'EDUCATION NATIONALE ET PRESIDENT DE LA SOCIETE ZAIROÏSE DES LINGUISTES

Les sciences du langage dans le développement de l'éducation au Zaïre et en Afrique

Après l'examen des rapports entre la linguistique et les sciences de l'éducation, j'en viens à présent à analyser la contribution des sciences du langage au développement de l'éducation. Je vais à cet effet faire état, d'un côté de deux conférences de l'UNESCO qui ont analyse ce problème, de l'autre côté, de certains domaines prioritaires d'études et d'action au Zaïre.

UNESCO - La réunion de Dar-es-Salam (du 15 au 21 déc. 1971)

Organisée à Dar-es-Salam du 15 au 21 décembre 1971, la réunion d'experts sur la promotion des langues africaines comme instruments de culture et d'éducation permanente a étudié le rôle des langues africaines comme instruments de communication nationale et comme moyens de développement social et culturel. Quatre points figuraient à l'ordre du jour, à savoir:

1) Situation présente et utilisation des langues africaines dans les Etats africains membres de l'UNESCO et dans les territoires africains sous domination étrangère.

2) Elaboration d'un projet de plan décennal pour l'Afrique en vue de la promotion des langues africaines et des traditions orales comme instruments de culture et comme facteurs du développement culturel.

3) Elaboration, dans le cadre du plan décennal, d'un plan régional de promotion des langues africaines appliquées à l'éducation permanente et au développement culturel pour l'Afrique centrale et l'Afrique orientale.

4) Esquisse d'un programme de promotion de publications en langues africaines, dans le cadre de l'Année internationale du livre en 1972.

Pour ce qui est plus particulièrement de la promotion des langues africaines, il a été constaté que son renforcement est conditioné surtout par le développement des recherches en linguistique africaine, la création de centres d'études spécialisés et l'amélioration de la pédagogie des langues africaines dans les écoles. Du reste, les langues africaines existent déjà comme une réalité culturelle vécue par les masses et se trouvent être le fondement même de la culture orale. Celle-ci s'exprime essentiellement par la tradition orale, qui englobe "aussi bien la littérature que des données historiques, sociologiques, politiques, économiques, philosophiques, psychologiques, religieuses, etc..." La tradition orale fonctionne comme un fait total, "susceptible d'être utilisée comme un facteur de développement culturel".

Ceci signifie d'abord que l'étude de la culture orale requiert le concours des spécialistes appartenant à des disciplines différentes; autrement dit, elle constitue un domaine interdisciplinaire, voire transdisciplinaire. Cela signifie ensuite, comme l'ont souligné les participants, et je cite: "la seule éducation qui soit réellement économique et qui puisse être effectivement nationale et populaire est celle donnée en langues africaines. C'est là un fait à souligner de façon particulière puisque c'est la seule forme d'éducation qui ouvre l'accès à la participation active et consciente des masses populaires à une culture africaine authentique et scientifique..."

La contribution de la linguistique et des sciences du langage au développement de l'éducation au Zaïre et en Afrique consiste donc essentiellement à promouvoir aussi bien les cultures que les langues africaines, véhicules indispensables de toute éducation populaire et authentique.

UNESCO - La Table Ronde ALSED (Paris 8 - 10 mai 1974)

ALSED, ou "Anthropology and Language Science in Education Development". "L'anthropologie et les sciences du langage au service du développement de l'éducation", est un programme issu des recommandations de deux réunions qui se sont tenues à Paris en juin et en juillet 1971. Elles avaient pour thème respectivement:

- "Le contribution de l'anthropologie éducative et de la sociolinguistique au développement de l'éducation" et

- "Le rôle de la linguistique et de la socio-linguistique dans l'enseignement lié au langage et dans la formulation d'une politique en matière de langues".

Tout en s'inspirant des recommandations de ces deux réunions, la Table Ronde organisée à la Maison de l'UNESCO, du 8 au 10 mai 1974 avec le concours de la Fondation Ford, s'est fixée comme objectif principal la mise en oeuvre de ce programme, à la fois sur le plan conceptuel et sur le plan de la concertation et de la coordination des efforts. Je suis heureux que l'Université Nationale du Zaïre, le C.I.A.F. et l'I.A.I., deux ans après, aient pris l'initiative de cette rencontre internationale.

Sur le plan conceptuel, l'objectif des deux réunions de 1971 et 1974 été celui d'attirer l'attention sur la contribution de la linguistique, de la socio-linguistique et de l'anthropologie à l'éducation, plus particulièrement à l'enseignement des langues. Cette contribution étant désormais un fait acquis, la Table Ronde s'est efforcée d'élargir la perspective de départ pour examiner le rôle des sciences du langage et de l'anthropologie dans l'effort entrepris pour améliorer l'éducation. L'enseignement des langues acquiert dans ce contexte une place de choix. En effet, "les langues constituent l'un des principaux moyens d'expression, avec les mathématiques et l'expression esthétique. Elles ont une valeur formatrice et, dans une conception de l'éducation qui vise à 'apprendre à apprendre', elles méritent une attention toute particulière. La maîtrise plus ou moins grande de la langue utilisée dans l'enseignement, déterminée dans une large mesure par des facteurs d'ordre socio-culturel, influe considérablement sur la réussite scolaire. En tant que moyen de communication, le langage est une condition de la pleine participation à la vie politique, sociale et culturelle de la communauté. La connaissance des langues étrangères est, quant à elle, un facteur essentiel de compréhension internationale".

C'est de ce point de vue que l'enseignement des langues requiert, pour être vraiment efficace, "une approche psycho-pédagogique globale et interdisciplinaire", faisant intervenir également l'anthropologie et les sciences du langage. Ces disciplines sont en mesure d'apporter leur contribution à la solution de certains problèmes d'actualité dans les pays en voie d'équipement. Citons entre autres problèmes:

- les conflits entre la langue maternelle et la langue d'enseignement;

- les facteurs à considérer lors du choix de la langue d'instruction dans l'enseignement scolaire ou l'éducation extra-scolaire;

- les incidences d'une connaissance insuffisante de la langue utilisée sur le rendement scolaire.

Tous ces problèmes d'actualité sont à poser dans la perspective de la réforme permanente des systèmes d'éducation, et que le Président Mobutu appelle la révolution du système d'éducation.

En ce qui concerne la concertation et la coordination des efforts, la Table Ronde a jeté les bases d'une "approche conceptuelle commune et d'une collaboration et d'une information régulières entre organisations, institutions ou chercheurs dans le cadre du programme ALSED". Tout cela est destiné à faciliter l'application des recherches anthropologiques et linguistiques à l'enseignement des langues.

Quant aux secteurs et problèmes reconnus prioritaires, ils sont regroupés autour des thèmes suivants:

1. Le processus d'apprentissage et l'acquisition des mécanismes du langage.
2. La description des langues.
3. Les nouvelles approches de l'enseignement des langues maternelles.
4. La corrélation entre compétence linguistique et rendement du système d'enseignement.
5. L'évaluation.
6. Les méthodes et les programmes de formation des maître appelés à enseigner les langues maternelles.
7. Les études portant sur l'adaptation des programmes et des méthodes d'enseignement en fonction des divers objectifs assignés à l'enseignement des langues et en fonction des divers groupes visés.

Il convient donc de souligner ici le besoin d'une approche interdisciplinaire dans l'analyse de chacun des thèmes: anthropologie, linguistique et sciences du langage, psychologie, pédagogie, physiologie, sciences sociales, etc... La contribution spécifique de la linguistique et des sciences du langage au développement de l'éducation s'insère ainsi dans ce contexte interdisciplinaire.

Domaines d'études et d'action au Zaïre

Le Premier Séminaire National des Linguistes du Zaïre, qui a eu lieu à Lubumbashi du 22 au 26 mai 1974, a tracé les grandes lignes d'un certain nombre de domaines prioritaires d'études et d'action qui entrent dans le cadre du développement de l'éducation. Si les linguistes réunis à Lubumbashi n'ont guère utilisé le concept de "développement de l'éducation", ils ont en revanche largement parlé de "promotion culturelle", et, après la 19ème Session de la Conférence Générale de l'UNESCO qui vient de s'achever en terre africaine à Nairobi, nous parlerons de la promotion de l'indentité culturelle.

Qu'en est-il alors de la promotion des langues au Zaïre, comme facteur de développement national? La promotion des langues zaïroises, s'entend "comme un effort pour que les langues zaïroises occupent dans la vie nationale la place qui leur revient". Son objectif général, c'est "l'indépendance culturelle et l'affirmation de notre identité linguistique". Son objectif spécifique, c'est "l'élévation des grandes langues du pays au statut de langues modernes pouvant véhiculer toutes les sciences et techniques modernes". Après cette définition de la promotion des langues et de ses objectifs, le Séminaire a émis huit voeux qui sont autant de domaines d'études et d'action au Zaïre: extension des programmes en langues zaïroises à la radio et à la télévision, édition des journaux en nos langues, recyclage des journalistes en matière d'orthographe des langues zaïroises, élaboration en nos langues des anthologies de textes, des manuels scolaires, des encyclopédies, des dictionnaires et des grammaires, traduction et diffusion en nos quatre langues nationales des textes officiels, utilisation de nos langues dans l'administration et le commerce, ainsi que la connaissance de plus d'une langue pour certaines professions (médecins, avocats, magistrats, professeurs, etc...), enfin, création d'une "Académie des Langues Zaïroises pour l'assainissement des langues zaïroises, en évitant notamment des emprunts inconsidérés et non motivés".

Pour ce qui est de l'enseignement des langues, nous le considérons d'un double point de vue: langues comme objet d'enseignement, et langues comme véhicule de l'enseignement. Au niveau primaire et au niveau secondaire, nous tenons compte des facteurs à la fois linguistiques, psychologiques et pédagogiques pour proposer une progression de l'apprentissage des langues zaïroises, du français, langue officielle de notre pays et de l'anglais, dans le projet d'une réforme des programmes ainsi que pour la formation et le recyclage du personnel enseignant.

Tels sont les différents domaines d'études et d'action dans notre pays. Ils demandent le concours non seulement des linguistes, mais également des spécialistes en sciences de l'éducation, des sociologues, des anthropologues, etc..., en raison même de l'importance des langues, dont la connaissance ou l'ignorance comporte des incidences sur le rendement du système éducatif dans son ensemble.

Conclusion

Pour conclure, je réitère ma conviction que la qualité des membres de ces assises et, en corollaire, le sérieux des communications et des débats vous amèneront tous à tenir compte de mes réflexions en ma double qualité de linguiste, voire de linguiste psycho-pédagogue, et de responsable de l'éducation au Zaïre. En linguiste ouvert aux problèmes de l'éducation, j'ai procédé à un examen analytique des connexions et de l'union de la linguistique avec la psychologie et la pédagogie. Mes fonctions et convictions de responsable politique en matière d'éducation de mon pays m'ont amené à vous montrer comment au Zaïre, nous réalisons que la linguistique et les autres sciences du langage sont bien concernées par les sciences de l'éducation; que cette possibilité a été illustrée par le rappel de deux réunions de l'UNESCO et de certains thèmes traités lors du Premier Séminaire National des Linguistes au Zaïre; que le langage, les langues et l'éducation sont des composantes solides et solidaires de la culture, laquelle est au Zaïre, le commencement et l'aboutissement, en d'autres termes, le résultat, le produit du développement national.

Comme je l'ai affirmé dans mon adresse à l'ouverture, il y a quelques jours, des travaux de la 5ème session du Conseil Révolutionnaire de l'UNAZA, notre Université doit s'ouvrir au monde extérieur: monde politique, monde scientifique, monde économique, monde culturel. Et je suis heureux que notre Université Nationale s'emploie à remplir avec bonheur cette tâche essentielle, essentielle à l'apport de l'authenticité zaïroise à la civilisation de l'Universel, et particulièrement au developpement de l'Afrique, par l'éducation.

Je vous souhaite un travail fructueux et bon séjour en terre zaïroise.

Summary

EXTRACT FROM THE OPENING ADDRESS GIVEN BY PROFESSOR MBULAMOKO, MINISTER OF NATIONAL EDUCATION AND PRESIDENT OF THE ZAÏREAN SOCIETY OF LINGUISTS

The speaker considers the contribution of linguistics to the development of education not only through two important UNESCO conferences but also through the present situation in Zaïre. The first UNESCO conference took place in Dar es Salam in December 1971 and discussed many factors relating to African languages and the point was made that there was a great need for more African linguistic research, for the creation of specialist centres and for the improvement of the teaching of African languages in schools. A second UNESCO conference took place in Paris in May 1974 on the subject of "Anthropology and Language Science in Education Development" which stressed the importance of an interdisciplinary approach to the problems of the mother tongue and its role in education.

The first national seminar of linguists of Zaïre took place in Lubumbashi in May, 1974, soon after the second UNESCO conference. It was agreed that by encouraging the use of languages of Zaire one was affirming the cultural independence and linguistic identity of Zaïre. In order to succeed in its objectives the seminar recommended extension of the use of Zairean languages on the radio, television, in newspapers, the publication of more dictionaries and grammars, the greater use of the four major Zairean languages in commerce and industry, in administration, in certain professions, and finally the creation of an Academy of Zairean Languages. This is the basis for a programme of reform in Zaire.

RAPPORT GENERAL

Le Séminaire International sur "Langues et Education en Afrique" organisé conjointement par l'Université Nationale du Zaïre (UNAZA), le Congrès International des Etudes Africaines (CIAF) et l'Institut Africain International (IAI) a débuté le lundi 13 décembre 1976 à la Cité de la N'Sele et se termine le mercredi 15 décembre 1976.

Après la séance solennelle d'ouverture, les travaux du Séminaire se sont déroulés en deux temps: Assemblée générale d'abord et travaux en commissions ensuite.

Dans ce rapport, nous nous limiterons à dégager les principales idées qui ont été émises dans les discours d'ouverture, dans les travaux de l'Assemblée générale ainsi que dans les commissions.

I   SEANCE D'OUVERTURE

1) Discours de Monseigneur Tshibangu Tshishiku, Recteur de l'Université Nationale du Zaïre, Président du CIAF et Vice-Président de l'IAI.

Dans son discours d'ouverture, Monseigneur le Recteur souhaite d'abord la bienvenue aux participants et remercie les diverses personnalités et institutions dont l'aide et la participation a permis la tenue de ce Séminaire.

Il exprime ensuite son espoir qu'après les multiples rencontres internationales sur ce même sujet à Bamako en 1976, à Dar-es-Salaam en 1971, à l'UNESCO en 1972, Lagos, Accra et Dakar en 1976, "ce Seminaire de Kinshasa marque le début d'une action concrète et effective quant à l'utilisation des langues africaines en tant que programme d'études, moyen d'instruction et de formation dans l'enseignement en Afrique".

Monseigneur le Recteur fait ensuite remarquer que du côté du CIAF, ce Séminaire entre dans le cadre de la préparation de la 4ème session du CIAF qui se tiendra à Kinshasa en décembre 1978; il rend hommage au travail de la Commission Nationale zaïroise du CIAF et du Centre International de Sémiologie de Lubumbashi qui a préparé scientifiquement et techniquement le Séminaire.

Il insiste en outre sur le fait que l'Université africaine doit, d'une part, résoudre le problème de la langue et du langage africain comme véhicule de la science et que, d'autre part, l'enseignement en langue africaine devra se faire d'une façon progressive.

Pour terminer, le Recteur de l'UNAZA appelle à l'attention des participants le problème du bilinguisme et du multilinguisme en Afrique, de ses avantages et ses difficultés.

2) Ensuite l'adresse du Vice-Chancellier Ajayi, Président de l'IAI: cette brève allocution rappelle que l'IAI, dès sa création, s'est toujours intéressé aux problèmes des langues africaines.

Deux de ses principales préoccupations ont été les problèmes de l'orthographe et l'enseignement des langues africaines.

A propos de ce Séminaire, le Président de l'IAI a émis le souhait qu'il puisse être l'occasion de l'établissement du bilan de ce qui a été fait; maintenant que l'Afrique a réalisé que le problème des langues africaines n'est pas un luxe, il est important que les participants au Séminaire proposent les voies et moyens de promouvoir les langues africaines.

Le Président de l'IAI a terminé en remerciant les diverses personnalités et institutions qui ont permis, grâce à leur aide, la tenue de ce Séminaire.

3) Dans son discours, le Commissaire Urbain de la Ville de Kinshasa, le Citoyen Sakombi Inongo a d'abord souhaité la bienvenue aux participants de la ville de Kinshasa. Il a ensuite souligné que la science des langues est une des meilleures voies d'accès à l'âme d'un peuple et que le langage est un facteur essentiel dans le développement des sciences et dans le processus de raisonnement.

4) Le discours du Professeur Mbulamoko Nzenge Movoambe, Commissaire d'Etat à l'Education Nationale.

Après avoir souhaité la bienvenue au nom du Président de la République, le Citoyen Mobutu Sese Seko, le Commissaire d'Etat à l'Education Nationale a souligné le double intérêt qu'il portait à ce Seminaire en sa double qualité de Responsable de l'Education Nationale au Zaïre et d'expert en matière de linguistique africaine.

Il a ensuite donné une communication scientifique de haute portée traitant:

a) de l'union fonctionnelle entre les sciences du langage et les sciences de l'éducation en général.

b) des interactions particulières entre la linguistique et la pédagogie.

c) des sciences du langage dans le développement de l'éducation au Zaïre et en Afrique.

Le Commissaire d'Etat a terminé cet exposé scientifique en souhaitant que les participants tiennent compte dans une large mesure de ces réflexions importantes en rapport d'ailleurs avec le thème général du Séminaire.

II. TRAVAUX

Après la séance officielle d'ouverture eurent lieu les travaux de l'Assemblée générale qui s'est tenue ce même lundi 13 décembre 1976 de 15 heures 30' à 18 heures. Elle fut consacrée à la constitution du Bureau du Colloque et celle des Commissions ainsi qu'à l'adoption et à la discussion des rapports de portée générale sur les langues et l'éducation en Afrique.

Furent désignés comme membres du Bureau du Colloque:

Prof. Dalby   : Président
Prof. Elungu   : Rapporteur Général
Prof. Ansre   : Président de la 1ère Commission
Prof. Mateene: Président de la 2ème Commission
Prof. Mhina   : Président de la 3ème Commission

Il fut constitué en même temps 3 Commissions avec chacune à sa tête 1 Président, 1 Vice-Président et 2 Rapporteurs.

Pour la première Commission : Président   : Prof. Ansre
                              Vice-Président : Dr. Mufuta
                              Rapporteurs   : Dr. Boguo et
                                               Dr. Maley
Pour la 2ème Commission   : Président   : Dr. Mateene Kahombo
                              Vice-Président : Dr. Masieya Joshua
                              Rapporteurs   : Dr. Williamson et
                                               Dr. Gueye
Pour la 3ème Commission   : Président   : Dr. Mhina
                              Vice-Président : Dr. Houis
                              Rapporteurs   : Mme Diop et
                                               Dr. Gabjanda.

Les exposés de portée générale furent présentés tour à tour par les Professeurs Dalby, Ansre et Mateene, respectivement "sur le rôle des langues africaines dans l'éducation", "les raisons du maintien des langues européennes dans l'éducation en Afrique", "les langues africaines comme véhicule de l'enseignement d'autres langues africaines".

Dans ces différents exposées et dans des discussions subséquentes, il a été souligné:

1) les multiples avantages politiques, économiques et culturels qu'il y a à satisfaire le besoin longtemps éprouvé, non seulement d'enseigner les langues africaines mais aussi d'enseigner dans les langues africaines.

2) les fausses raisons qui, expliquant la réticence au changement, constituent un sérieux handicap à la promotion des langues africaines et par conséquent au développement et à la libération véritable. Quelques unes de ces fausses raisons ont été évoquées, c'est par exemple:

a) le coût élevé du matériel didactique rédigé en langues africaines, coût lié à la pauvreté proclamée de nos jeunes nations.

b) le besoin d'user d'une langue de portée internationale dans un monde qui se rétrecit sans cesse.

c) les difficultés dues au multilinguisme qu'accompagne la crainte du tribalisme en même temps que la volonté de détribaliser grâce au recours à une langue étrangère aux tribus.

d) la ferme volonté de se développer en usant d'emblée des langues à vocabulaire technologique très avancé.

Dans ces exposés et dans ces discussions, il fut aussi souligné:

1) que l'apprentissage prématuré et presque exclusif des langues européennes tend plutôt à former une petite élite d'experts internationaux au lieu de promouvoir véritablement l'intégration nationale.

2) que l'argument du coût élevé de matériel à confectionner en langues africaines s'accompagne d'une vue courte sur la nature de la vie économique et d'une conception erronée du développement. Cet argument semble plutôt être le réflet des consciences victimes de "l'impérialisme linguistique".

3) que par peur de tribalisme on ferme les yeux sur les tensions réellement existantes sur les droits des minorités, de plus en plus affirmés de nos jours jusque dans les pays à tradition monolingue.

En effet on s'imagine à tort que l'adoption d'une langue étrangère commune réduira d'elle-même les tensions, abolira le tribalisme, l'on sacrifie ainsi la formation de base des enfants africains sur l'autel de l'internationalisme; on aboutit à un nouveau tribalisme: le tribalisme de l'élite en camouflant le vrai problème qui consiste, pour la plupart de nos jeunes nations, à relever le défi du multilinguisme, en cherchant par l'intégration effective des langues particulières, à aboutir à une unité nationale vivant de ces différences, à l'affirmation d'identité nationale au sein de la communauté internationale.

4) il a aussi été souligné que partant du fait que les langues européennes adoptées en Afrique sont technologiquement dévelopées, l'on a tendance à oublier qu'il n'y a pas de petite et grande langue, qu'il n'y a pas en d'autres termes, des langues qui ne soient susceptibles d'être développées. Ce développement est en principe fonction de la volonté politique de promotion linguistique ainsi que des nombreux contacts que telle ou telle langue africaine peut et doit garder avec des inventions ou innovations scientifiques, technologiques et philosophiques.

En pratique une politique linguistique ouverte, dynamique est recommandée, qui doit fixer dans l'intégration le développement de la plupart de nos langues; la seule limitation sérieuse à une telle politique demeure essentiellement dans les ressources disponibles.

Le rôle de la linguistique n'est pas à exagérer dans la promotion des langues africaines. Il importe, tout en la cultivant, de sensibiliser les responsables de décisions de politique culturelle au simple fait, par exemple, que la disparition de n'importe quelle langue au profit de n'importe quelle autre langue constitue en principe une violation de la liberté des peuples.

5) il a été souligné que sans une recension complète des langues africaines, sans une classification adéquate de ces langues en tenant compte de leur degré d'interpénétration, l'on considère à tort le multilinguisme de la plupart de nos pays comme un facteur de dispersion et de désunion, comme un obstacle à l'unité, alors que la plupart de nos langues ont des affinités manifestes et leur usage, comme le note le Professeur Mateene, "a une structure pyramidale, toutes les langues de la base sont employées par la minorité, ethniquement et géographiquement limitée, certaines langues se répandent de plus en plus près du sommet de la pyramide".

Le multilinguisme peut et doit être ainsi converti en un instrument de communication effective et vivante, de promotion réciproque de nos langues, chacune à son niveau pouvant servir de véhicule aux autres.

Ainsi, loin de constituer un frein, le multilinguisme devrait lui-même être un facteur positif de promotion effective des langues africaines et de notre libération culturelle dans l'unité respectueuse des particularités.

Les travaux en commissions ont consisté d'une part en un échange de point de vue sur des communications portant sur les diverses expériences des participants, portant sur la politique générale de la recherche linguistique en Afrique, sur les méthodes et les techniques de recherche en langues africaines et en pédagogie de ces langues, et d'autre part sur la formulation des résolutions. Les résumés de différentes communications se trouvant contenus dans les rapports de différentes commissions, on se contenteras, pour clore le rapport général, d'énoncer les principales résolutions dégagées des travaux en commission.

III. RESOLUTIONS

Première commission:

1) Etudier tous les facteurs, notamment les facteurs psychologiques et socio-économiques qui peuvent inhiber ou favoriser l'étude des langues africaines et l'utilisation de ces langues dans l'enseignement.

2) Déterminer l'ordre d'importance à accorder aux différentes tâches de linguiste (par ex. orthographe, grammaire, lexique, standardisation).

3) Adapter la formation des linguistes aux besoins des pays (par exemple en y incluant la planification linguistique, la sociolinguistique, la psycholinguistique, l'application pédagogique de la linguistique à l'enseignement des langues).

4)   S'assurer que les matériaux déjà disponibles dans certains pays ne soient pas négligés dans la préparation des nouveaux programmes.

5)   Encourager les pays qui sont en situation favorable du point de vue linguistique (pays monolingue) à aller plus vite dans le sens de la promotion de la langue nationale.

6)   Inviter l'OUA et les Centres de linguistique de chaque pays à entreprendre la traduction des oeuvres de valeur des langues africaines en langues étrangères et vice-versa aussi bien que d'une langue africaine aux autres.

7)   Créer au niveau de chaque Etat une commission chargée d'étudier la politique linguistique.

8)   Stabiliser les programmes d'enseignement des langues africaines.

9)   Organiser l'enseignement en langues africaines de telle façon qu'en définitive elles deviennent l'instrument de l'éducation à tous les niveaux et que les langues de diffusion régionale et interrégionale accèdent rapidement au statut de langues internationales.

10)   Produire et diffuser des textes en langues africaines-sous une forme peu onéreuse-de manière que les utilisateurs ne perdent pas l'habitude de lire après avoir quitté l'école.

11)   Modifier les systèmes d'éducation en vue d'assurer à tous les enfants une éducation non élitiste.

Deuxième commission:

1)   Que les pouvoirs publics encouragent toutes les initiatives tendant à traduire ou à rédiger des ouvrages scientifiques en langues africaines.

2)   Que les pouvoirs publics, en collaboration avec les universités, adaptent les critères d'appréciation des travaux de fin d'études au souci de promouvoir l'utilisation des langues africaines dans le domaine scientifique.

3)   Que les gouvernements africains, en vue de tendre de plus en plus vers l'unité linguistique continentale, assurent une plus grande diffusion aux langues qui sont déjà un moyen de communication entre plusieurs pays africains.

4)   Que des moyens financiers importants soient affectés à l'édition de livres et de disques et à l'enregistrement de bandes magnétiques afin de rendre les connaissances accessibles au plus grand nombre de gens possible.

5)   Que priorité soit donnée aux besoins et aux voeux des membres des différentes communautés linguistiques.

6)   Que soit encouragée la publication de livres bilingues en langues africaines en vue de faciliter l'apprentissage d'une langue aux locuteurs d'une autre langue africaine.

7)   Que soit encouragée la traduction d'ouvrages littéraires d'une langue africaine dans d'autres langues africaines, en vue de conserver et de diffuser le patrimoine culturel de toutes les communautés linguistiques.

8)   Que, pour l'enseignement pratique des langues africaines, on fasse appel à des locuteurs natifs expérimentés et que pour celui de la littérature orale soient associés des conteurs traditionnels.

9)   Que les hommes de sciences africaines de toutes les disciplines expriment par écrit dès maintenant leurs propres recherches ou qu'ils traduisent les travaux de recherche des autres en langues africaines.

10)   Que les Universités africaines encouragent des travaux de fin d'études en langues africaines.

Troisième commission:

1)   - Elaborer des manuels d'enseignement dans les langues africaines,
   - Etablir le vocabulaire fondamental de ces langues,
   - Respecter l'identité phonologique, grammaticale et sémantique de la langue africaine,
   - Eviter absolument de projeter sur la langue africaine des catégories grammaticales et sémantiques provenant d'une langue étrangère européenne,
   - Présenter et rédiger des manuels à l'usage des maîtres ayant comme souci constant une pédagogie simple, pratique et adaptée aux structures de la langue;

2)   - Arriver dans les pays où il y a plusieurs langues nationales, à standardiser le vocabulaire technologique en usage dans les divers domaines de développement,
   - Créer dans chaque pays un bureau de terminologie technique des langues africaines et initier les éducateurs populaires aux nouvelles approches pédagogiques;

3)   Faire figures dans les programmes des établissements d'enseignement supérieur africains un cours sur les problèmes posés par l'élaboration d'une écriture normalisée pour une langue, comprenant un aperçu sur l'histoire de l'écriture;

4)   - Créer des centres de recherches linguistiques et pédagogiques,
   - Initier les enseignants aux notions de la nouvelle approche éducative et à la transcription des langues nationales;

5)   - Prévoir, à tous les niveaux de l'enseignement, l'utilisation des langues africaines, spécialement pour les cours d'initiation musicale, théâtrale...
   - Mettre à la disposition des élèves, des livres, des disques, des enregistrements de musique, de poèmes en langues africianes. On préférera les films, les montages audiovisuels africains; pour cela la collaboration de plusieurs ministères est souvent nécessaire,
   - Mener, de façon urgente, des recherches sérieuses, concernant les chants et les jeux, pour libérer les jardins d'enfants, les écoles primaires et secondaires des répertoires de chants et de jeux en langues étrangères;

6)   - Etudier et exploiter à fond les techniques traditionnelles d'éducation et les intégrer dans le système d'éducation moderne, ce qui suppose une révision complète de la finalité et du contenu du système scolaire en vigueur,
   - Constituer au niveau national et interafricain des groupes de recherches et d'expérimentation à cet effet;

7) Constituer des commissions de travail spécialisées se réunissant régulièrement:

A. sur le problème des orthographes pratiques pour les langues africaines, en tenant compte des approches suivantes:

    1) linguistique (phonologique, mais aussi lexicale, morphologique, grammaticale...)
    2) psychopédagogique (apprentissage, lisibilité, passage à l'écriture et à l'initiation d'une seconde ou troisième langue...)
    3) sociolinguistique (théorique et appliquée) : norme, standardisation...
    4) culturelle et interculturelle : l'écriture comme représentation des langues mais aussi des cultures et civilisations des communautés qui les utilisent.

B. sur le problème de l'élaboration de transcriptions unifiées pour le cas particulier des langues de grande diffusion parlées dans différents Etats en considérant:

    1) le choix des signes de l'alphabet
    2) l'harmonisation des varientes dialectales.

Summary

GENERAL REPORT

The international seminar on *Languages and Education in Africa*, jointly organised by the National University of Zaire (UNAZA), the International Congress of African Studies (CIAF) and the International African Institute (IAI) was held in Kinshasa from 13-15 December 1976.

Following the opening session, the seminar began with a plenary session and then divided into working parties.

I OPENING SESSION

Firstly, Monseigneur Tshibangu Tshishiku, Rector of the National University of Zaire, President of CIAF and Vice-Chairman of IAI welcomed the delegates. This was followed by an address given by the Chairman of IAI, Professor J F Ade Ajayi, who explained that from its beginning IAI had been interested in the problems of African languages and particularly in questions of orthography and classification. He thanked all those who had made the seminar possible. The Mayor of Kinshasa then welcomed the delegates and finally, Professor Mbulamoko Nzenge Movoambe, Minister of National Education spoke. (An extract from his address precedes this report.)

II PROCEEDINGS

A Conference Committe was chosen whose members were:

    Chairman: Dr David Dalby
    Secretary: Professor Elungu
    Chairman of the First Working Party: Professor Ansre
    Chairman of the Second Working Party: Professor Mateene
    Chairman of the Third Working Party: Professor Mhina

Each Working Party, in addition to its Chairman had a Vice-Chairman and 2 secretaries:

First Working Party	: Chairman	: Professor Ansre
	Vice-Chairman	: Dr Mufuta
	Secretaries	: Dr Boguo and Dr Maley
Second Working Party	: Chairman	: Dr Mateene
	Vice-Chairman	: Dr Masieya
	Secretaries	: Dr Williamson and Mr Gueye
Third Working Party	: Chairman	: Dr Mhina
	Vice-Chairman	: Dr Houis
	Secretaries	: Mrs Diop and Dr Gabjanda

Drs Dalby, Ansre and Mateene then spoke in turn on the subjects "The Role of African Languages in Education", "Reasons for Keeping European Languages in Education in Africa" and "African Languages as Vehicles for the Teaching of Other African Languages", respectively. This was then followed by a general discussion, in which points such as the following were stressed:

- that the teaching of European languages tended to promote a small and exclusive elite, rather than create national integration
- that the arguments of prohibitive costs, involved in introducing African languages took only a short term view of the problem
- that many imagined, wrongly, that the adoption of a European language reduced the dangers of tribalism; in fact it encouraged the development of a new tribalism, the tribalism of the elite
- that all languages can be developed to deal with the modern technological world, given the political will to promote them
- that many regard multilingualism as a factor for disunity whereas, because of manifest affinities between languages, multilingualism can be converted into an effective instrument of communication and so become a positive factor towards effective promotion of cultural liberation and unity.

III RESOLUTIONS

The three working parties produced sets of resolutions which included the following:

First Working Party

- to study all the factors, especially psychological and socio-economic, which might inhibit or favour the study of African languages and their use in teaching
- to determine the order of priority for various linguistic tasks, (e.g. orthography, grammar, lexicon, standardization)
- to encourage countries which are virtually monolingual to speed up the promotion of a national language
- to invite the OAU and other institutions to help in furthering translations both from African languages into foreign languages and vice versa
- to produce more texts in African languages for school leavers.

Second Working Party

- to encourage the translation of more scientific works into African languages
- to promote the greater use of African languages in the domain of science
- to request African governments to encourage the wider use of African languages between countries
- to encourage the publications of bilingual texts in African languages, so as to encourage speakers of one African language to learn another

Third Working Party

- to avoid describing African languages in terms of European languages
- to create good handbooks for teachers of African languages
- to encourage the creation of centres for linguistic and pedagogic research
- to encourage the use of African langauges at all levels of teaching and in all courses, especially those to do with music and the theatre
- to bring together, on a regular basis, specialist working parties to work on : A. orthographic problems
  B. harmonisation of transcription for languages of wider diffusion.

CONTRIBUTORS TO THIS VOLUME

B.W. ANDRZEJEWSKI, reader in Cushitic Languages at the School of Oriental and African Studies, University of London, was one of the three consultants on the UNESCO mission in 1966 which gave technical advice to the Somali Ministry of Education on the scripts proposed for the national orthography. Since 1978 he has been a member of the Executive Committee of the Somali Language Research Programme.

The Rev. Professor GILBERT ANSRE is Acting Director of the Language Centre of the University of Ghana, Legon. His interests in linguistics are in tone, syntax, semantics and sociolinguistics, with particular reference to language and nation building.

AYỌ BAMBOṢE is Professor and currently Head of the Department of Linguistics at the University of Ibadan. He has been involved in linguistic research and language development activities in West Africa and, in particular, Nigeria, for about 15 years. His latest publications in the field of language education are *Mother Tongue Education: the West African Experience* (1976) and *Language Education in Nigeria: Proceedings of the Kaduna Language Symposium October 31-November 4 1977* (in press) both of which he edited. He is currently President of the West African Linguistic Society and a member of the Executive Committee of the Permanent International Committee of Linguistics (CIPL).

HERMAN BELL has been Head of the Department of African Languages at the University of Khartoum since 1976. Earlier he studied ancient Egyptian and Coptic at Oxford before moving on to a doctorate in linguistics and African languages at Northwestern.

JAMES DAHAB GABJANDA is a lecturer in the Department of Sudanese and African Languages in the Institute of African and Asian Studies, University of Khartoum. He studied in London at the School of Oriental and African Studies and did his doctorate at St. Andrews.

WASAMBA LUPUKISA est assistant au Centre International de Sémiologie, Université National de Zaire, assistant chargé des Recherches et Publications linguistiques. Il a présenté plusieurs communications sur le sujet des langues africaines.

KAHOMBO MATEENE était professeur à l'Université du Zaire (1970-72). Depuis ça, il a été Directeur du Bureau Linguistique Interafricain de l'OUA à Kampala. Il est un des éditeurs de ce journal. Il a publié plusieurs articles sur les langues Bantus.

GEORGE MHINA was, until recently, Director of the Institute of Kiswahili Research in Dar es Salaam. He is now a Principal Secretary in the Ministry of Education and Broadcasting.

NORBERT NIKIEMA enseigne la linguistique depuis 1976 à l'Ecole Supérieure des Lettres et de Sciences Humaines de l'Université de Ouagadougou. Ses intérêts de recherches incluent la linguistique générale, les langues de l'Afrique de l'ouest (éspécialement Gur), les projets de langues et de standardisation, l'orthographie et d'alphabétisation.

J.-B. NTAHOKAJA est professeur à l'Université du Burundi.

KAY WILLIAMSON is a linguist who has studied Ịjọ, Igbo and other languages of Nigeria. For some years she has, in collaboration with E.J. Alagoa and O.A. Nduka, been engaged in organising the Rivers Readers Project which is sponsored by the Rivers State Ministry of Education. She is Professor and Head of Department in the University of Port Harcourt.

THE DEVELOPMENT OF SOMALI AS A NATIONAL MEDIUM OF EDUCATION AND LITERATURE

B.W. ANDRZEJEWSKI

In common with other peoples of Africa, the Somalis have a rich cultural heritage of their own, which in their case culminates in its verbal expression. As far back as the memory of their oral tradition can reach they have had an extensive and lively oral literature which not only preserves old poems and prose narratives but provides a running commentary on current events, which it has often influenced. The formal characteristics and themes of Somali oral literature suggest that it is of considerable antiquity and that it owes nothing to European influences, with the possible exception of modern drama, and that even its indebtedness to Arab culture is limited and mainly restricted to the sphere of religion. The alliterative poetry which pervades the whole Somali culture has a system of versification totally unrelated to Arabic or any other known type of scansion, as is clear from the materials presented in Andrzejewski and Lewis 1964 and from a penetrating survey of Somali metres in Maxamed 1976. Furthermore, the themes of the poems are almost all set in the Somali context, and instead of using foreign models, poets draw their images mainly from the scenes of traditional life and the local natural environment. In oral prose narratives, foreign themes are of marginal importance. The main preoccupation of the narrators are events of local history, accounts of personal experiences, either their own or of people of past generations, and allegorical tales and fables which show clear signs, in most cases, of having sprung from the home environment. Even in prose narratives with a religious content the legends of the local Sufi saints outstrip all other themes by far.

Somali oral literature has attracted both Somali and foreign scholars, and anyone who wishes to acquaint himself with the relevant publications will find bibliographical guidance in Johnson 1969, 1973 and 1974 and in Andrzejewski 1975. To place Somali oral literature in a wider perspective, it is useful to compare it with the rest of the cultural heritage of the whole African continent, and bibliographical information on works by both African and foreign scholars within this vast field can be found in Andrzejewski and Innes 1975 and in Finnegan 1970.

In spite of such an extensive use of their language as the medium of artistic expression, the Somali people had no official orthography until 1972, even though several systems of writing were in private use, employing the Arabic or Latin characters or new alphabets invented in the present century. These private systems of writing were restricted to a minute number of users, except for the invented script called *Far Soomaali* (Somali

Script) or *Cusmaaniya*, which probably had some 40,000 adherents. There is a considerable amount of documentation concerning the private systems of writing Somali, and bibliographies of relevant works can be found in Andrzejewski 1964 and 1974b, Andrzejewski, Strelcyn and Tubiana 1969, Hussein 1968 and Johnson 1969 and 1973.

Apart from a few linguistic minorities of insignificant numbers, Somali is spoken over the whole territory of Somalia and even extends far beyond its boundaries. When the country became independent in 1960, it seemed obvious that the national language should become the official means of communication in the new state. The Somali government set up a special department in the Ministry of Education solely concerned with documentation and research into the language and oral literature, and expressed its determination to introduce a national orthography. An account of the praiseworthy activities of the scholars within that department can be found in Johnson 1973.

However, none of the successive governments before the 1969 Revolution was able to introduce a national orthography, since the question of the choice of alphabet became a political and religious issue so inflammatory that it could not be resolved without the risk of demonstrations and disturbances on a scale comparable to those in India over the Hindi versus English issue. Conservative Muslim opinion in Somalia regarded the Latin script as a tool of Christian infiltration and viewed its prospective adoption as the first step towards national apostasy. The supporters of *Far Soomaali* saw the Latin script as a symbol not only of Christianity but of colonialism and national humiliation, a view which was shared by some proponents of other invented scripts. The supporters of the Latin script, on the other hand, regarded all invented scripts as costly and anachronistic in a era of technological progress, and objected to the Arabic script on the grounds of its unsuitability for adaptation to the Somali phonology, which is rich in vowel distinctions. The views of the protagonists of the different scripts were expressed in press articles in English, Italian and Arabic, as well as in a few tracts in Somali, in Latin or *Far Soomaali* script. The press debate is chronicled in Hussein 1968 and Laitin 1977; for shorter accounts of the whole controversy see Andrzejewski 1964 and 1974b and SDR/MING 1974c.

There was also another factor in operation. The section of the population who were literate in English, Italian or Arabic were in an economically and socially privileged position vis-à-vis the illiterate, monolingual general public. Attempts at mass literacy through the medium of foreign languages, even if they had been more vigorous than they were, held no hope of success, and the foreign language élite in Somalia was safe in its monopolistic position. The fears that it would lose it if Somali were to be written were by no means imaginary, as the events of recent years have shown.

Obviously, the lack of an official orthography seriously impeded the educational progress of the country and its unification. Even though Somalia had had for centuries a network of Islamic education working through the written medium of Arabic and covering the whole country, a really good knowledge of Arabic was limited to a small group of people. Among Somalis who knew Arabic some reached a high degree of competence and even wrote works of poetry and prose in that language, but these had a very limited readership. Bibliographies of Arabic works by Somali authors can be found in Andrzejewski 1974a and Johnson 1969, and a general account of traditional Islamic educaion in Somalia in Lewis 1968. Information concerning itinerant colleges which spread Islamic education throughout the country is provided in Andrzejewski and Musa 1966.

In the last two decades there has been considerable progress in the spread of Arabic in Somalia, mainly through generous help from the Arab countries which provided funds, teachers and scholarships abroad, but in spite of this, the number of Somalis fully literate in Arabic was still only a small proportion of the population. Any possibility of mass literacy through the medium of Arabic or its universal use in public life was still extremely remote. To succeed in such goals the country would have had to incur vast expenditure over a period the length of which no one could have forecast with confidence.

In addition the nation inherited two systems of education from the European powers, English in the north and Italian in the south, and as a result, although all Somalia could communicate orally in their own language, they were literate only in foreign languages. All this led to considerable difficulties, for official documents had to be issued in three languages and translators were employed in government departments to make written communication possible between people who spoke the same language but had received their education in different foreign tongues. Those sharing the same foreign language tended to form solidarity groups, jealous of their own vested interests and keen on strengthening the official position of the language they knew. The situation became even worse when after 1960 numerous scholarships were offered to Somali students in countries where languages other than Arabic, English or Italian were spoken. Some of the returning graduates and diploma holders were fully proficient, at a professional level, only in such languages as Czech, German or Russian and special courses had to be arranged for them in English or Italian before they could be usefully employed in their own country.

The linguistic chaos accentuated the need for a national orthography and this noble cause found its champions, paradoxically enough, among oral poets who composed in Somali and often sang or recited their works on the radio, or incorporated them in stage plays. Their motivation was the love they had for their mother tongue, but they were less concerned with the debate about the choice of script. Some information about their protest against the dominace of foreign languages can be found in Hassan 1974 and Johnson 1974.

In 1960 the Ministry of Education had set up a Somali Language Commission, composed of leading Somali specialists, to evaluate the existing systems of writing. It was a useful preparatory step, but it was obvious at the time that it had little chance of success, since the government of the time was too weak to handle the controversial political issue of the choice of script. When the Revolutionary Government came into power in 1969, they put into their charter the introduction of a national orthography; strong and decisive as they were, they still approached the problem with caution. They reconstituted and enlarged the Somali Language Commission and instructed it to prepare schoolbooks and adult literacy materials, but left the choice of script undecided. The public were assured that when the decision was made all the works which were written in scripts divergent from the chosen one would be transliterated into it. This in fact could be done easily since Somalis have shown a remarkable agreement as to the number and nature of phonemic distinctions represented by their different writing systems. Accounts of the work of the Somali Language Commissions are provided in Hussein 1968, Laitin 1977 and SDR/MING 1974c.

On 21st October 1972 the Supreme Revolutionary Council and the Council of Secretaries (i.e. Ministers) announced that they had decided on the Latin script, and declared Somali to be the sole official language of the state. The occasion was the third anniversary of the Revolution, and the President of the Supreme Revolutionary Council, Mohamed Siyad Barre, proclaimed the historic decision during the celebrations. Helicopters dropped leaflets showing the new alphabet, and slogans written in it, and the announcement was followed by well-organised mass rallies and marches throughout the country. Banners and notices in the new orthography were displayed in all towns and permanent villages. All civil servants and members of the armed forces and the police were ordered to learn the new script within three months, under pain of dismissal. Literacy tests were then held to test their knowledge, and though some leniency was shown in 'hard cases', the order was carried out with speed and efficiency. Soon Somali became the sole official language of all administration and public business, and the use of foreign languages was only tolerated in contacts with expatriates. All over the country Somali replaced foreign languages as the medium of elementary and adult education and it was introduced as a subject in secondary schools and at the National University.

Apart from the educational network through which the new script was disseminated, the mass media played an important role in its spread. The two radio stations broadcast programmes, including songs, which supported the choice of alphabet, and talks on the language and dictations with built-in word division instructions became part of the daily output. Somali radio was particularly suited to this task, since it has always contributed very substantially to the development of modern Somali. Long before the orthography was introduced the Somali broadcasters had created a whole new vocabulary of modern political and technical terms, using mainly Somali roots and derivational potentialities, or reviving archaic words from the vocabulary of classical poetry. Discussion of the role of the radio can be found in Andrzejewski 1971.

The daily, weekly and monthly press devoted a great deal of attention to the problem of the language and, as well as actually providing something to read for their newly literate public, printed special instructional articles on such matters as the formation of letters. The daily *Xiddigta Oktoobar* ('The October Star') was particularly influential in this respect.

Finally, the Somali theatre, the social role of which is described in the introduction to Hassan 1974, contributed to the spread of literacy. Committed for the last three decades to the cause of progress and reform, Somali playwrights introduced into their works didactic themes which strongly supported the new script and attacked, through satire or direct invective, those who secretly opposed it.

Gradually, the use of Somali as the medium of instruction and as a subject is being extended to secondary schools and even to the National University. The Somali language is being adapted to technical and scientific uses, and a great deal of work is done in this field by the Ministry of Education and Youth Training, the Ministry of Higher Education and Culture and by those Ministries which are concerned with particular branches of science and technology. Individual scholars are busily engaged in the preparation of the requisite writing materials, and the National Printing Agency in printing large editions of textbooks.

In the scholastic year of 1974-75 a massive literacy and adult education campaign was conducted in the rural interior of the country, mainly by schoolboys and girls guided by their teachers and by university students, who were all released for a year from their normal pursuits. There is no doubt that the simplicity and excellence of the new orthographic system has contributed to the success of the campaign, since some adults have, even at an advanced age, become literate after a few weeks' tuition. An extensive account of the aims and achievements of this campaign is found in Omar 1975.

In order to provide the public with reading material of a literary nature, and to preserve the national heritage of oral literature, the Somali Government in 1973 set up an Academy of Culture in Mogadishu. It employs a full-time staff of Somali scholars and connoisseurs of oral poetry and prose, and serves as a centre for the encouragement of new literary authorship, maintaining close contact with all the leading writers and offering incentives to new talents. It already has an impressive list of publications, which include both collections of works which were originally oral, and new writing. Though it puts an emphasis on the literary side, the Academy of Culture has also published two monolingual Somali dictionaries and a work on Somali grammar. The Academy plays an important role in the rise of modern Somali literature, a preliminary report on which can be found in Andrzejewski 1975. This modern literature is characterized by the fact that to a very large extent it draws its inspiration both in form and content from oral literature. Especially in its poetry, it follows exactly the same models of scansion as those which have been practised from time immemorial by the oral bards.

It seems that Somalia is moving towards the use of the national language as the medium of education at all levels, except in the fields of science and technology at university standard. Some ambitious planners believe that even in these last two fields, it will be possible to replace foreign languages by Somali, but only the future can tell whether their aspirations will be fulfilled. Public business in all walks of life is now conducted in Somali, with the exception of contacts with the outside world through trade and diplomacy. Widespread literacy has created great social changes. It has made education and participation in public life open to the masses of the people, and enabled men and women of ability to hold responsible positions without acquiring the knowledge of a foreign language. In particular, the accessibility of education through the medium of the mother tongue has had a great impact on the emancipation of women, many of whom now participate in public life on terms of equality with men. Those citizens who are acquainted with foreign languages may still find them useful in their work, if they are in contact with foreigners, or need to read professional books and journals from abroad, but they no longer form an exclusive élite, set apart from the general public. The educational gap between the urban and the rural population is gradually diminishing.

A discussion of the benefits which the use of Somali as the national language has already brought to the country and is likely to bring in the future can be found in SDR/MING 1974a and 1974b. The optimism and enthusiasm which characterize these publications are neither misplaced nor exaggerated. The changes in the system of government in Somalia, introduced in July 1976, favour even more rapid progress by creating a wider basis of public participation in the running of the country.

Although Somalia is untypical of Africa on account of having only one language spoken by almost the entire population, her highly successful experiment in the use of Somali in education, public life and literature is relevant to the problems of other developing countries and deserves much more attention than it has so far received.

Postscript

Since this paper was originally presented in 1976, several important developments have taken place:

(a) Somali is now the medium of instruction in all subjects in all grades of pre-university education except for the last two years of the secondary schools; text books are now being prepared or are already in the press for these last two years as well.

(b) A Department of Somali Language and Literature was established in 1976 at the College of Education, the National University of Somalia. There are now over 150 graduates who had taken Somali as their minor subject and written dissertations in this field. The medium of instruction in this Department is Somali and all the required linguistic and literary terminology is also Somali.

(c) In 1977 the Ministry of Higher Education and Culture launched the Somali Language Research Programme, the aim of which is to produce a large monolingual national dictionary of Somali and a reference grammar. It is hoped that these objectives will be reached within the next six years and that bilingual dictionaries and teaching materials will be derived from these major works. Substantial resources and personnel have been allocated to the Programme.

(d) Further works have been published on Somali scansion: see the Addendum to References under Cabdillaahi 1978a-e and Johnson 1978.

REFERENCES

Note that the names of Somali authors are given below in the order which is customary in Somalia. This order cannot be inverted without causing confusion since surnames are not used in Somalia and the forename is followed by that of a person's father and then by that of his or her grandfather. Double quotation marks are a Somali convention to indicate a nickname. Since most librarians and bibliographers outside Somalia are not aware of this it is often necessary to look up all the permutations of the order in which Somali names are entered in library catalogues, publishers' lists or bibliographies.

The Somali national orthography uses only the ordinary letters of the Latin alphabet without any diacritics or special signs. It attaches, however, some unusual pronunciation values to certain letters and their combinations: amont such innovations is the use of the letter c to represent the voiced pharyngeal fricative [ʕ] and the letter x for its voiceless counterpart [ħ], and the doubling of vowel letters to represent long vowels. These conventions should be borne in mind when reading entries in Somali in the list given below.

Andrzejewski, B.W. 1964 'Speech and writing dichotomy as the pattern of multilingualism in the Somali Republic', in *Colloque sur le multilinguisme: Deuxième Réunion du Comité Interafricain de Linguistique, Brazzaville, 16-21.VII.1962.* London Conseil Scientifique pour l'Afrique/Scientific Council for Africa and Commission de Coopération Technique en Afrique/Committee for Technical Co-operation in Africa, Publication 87. 177-81.
────── 1971 'The role of broadcasting in the adaptation of the Somali language to modern needs', in W.H. Whiteley (ed.) *Language Use and Social Change: Problems of Multilingualism with Special Reference to Eastern Africa.* London 262-73.
────── 1974a 'The veneration of Sufi saints and its impact on the oral literature of the Somali people and their literature in Arabic', *African Language Studies* XV: 15-53.
────── 1974b 'The introduction of the national orthography for Somali', *African Language Studies* XV; 199-203.
────── 1975 'The rise of written Somali literature', *African Research and Documentation* 8/9: 7-14.
────── 1977a 'The Somali academy of culture', *IAI Bulletin* Supplement of *Africa* 47(1): 7.
────── 1977b 'Five years of written Somali: a report on progress and prospects', *IAI Bulletin* Supplement to *Africa* 47(4): 4-5.
────── 1978 'A survey of Cushitic literatures, 1940-1975', *Ethiopianist Notes* (African Studies Center, Michigan State University) 2(1): 1-27.
────── and G. Innes 1975 'Reflections on oral literature in Africa'. *African Languages/Langues Africaines* I: 1-57.
────── and I.M. Lewis 1964 *Somali Poetry: An Introduction.* Oxford.
────── and Musa H.I. Galaal 1966 'The art of the verbal message in Somali society', in J. Lukas (ed.) *Neue Afrikanistische Studien* (Hamburg) 5: 29-39.
────── , S. Strelcyn and J. Tubiana 1969 'Somalia: the writing of Somali', *Somaliya: Antologia Storico-Culturale* (Mogadishu) VII-VIII: 215-34. [Reprinted from UNESCO Report WS/0866.90-CLT, 1966.]
Cabdillaahi Diiriye Guuleed 1978a 'Gabaygeenna Miisaan', *Xiddigta Oktoobar,* 6/126: 3; 6/134: 3.
────── 1978b 'Jiiftadana Miisaan', *Xiddigta Octoobar* 6/149: 3; 6/150: 3.
────── 1978c 'Dhaantadana Miisaan', *Xiddigta Oktoobar* 6/164: 3.
────── 1978d 'Suugaanta Soomaaliyeed', *Xiddigta Oktoobar* 6/165: 3.
────── 1978e 'Heelladdana Miisaan', *Xiddigta Oktoobar* 6/173: 3.
Finnegan, Ruth 1970 *Oral Literature in Africa.* Oxford.
────── 1978 *'The Penguin Book of Oral Poetry.* London.
Hassan Sheikh Mumin 1974 *Leopard among the Women - Shabeelnaagood: A Somali Play.* Translated with an introduction by B.W. Andrzejewski. London.
Hussein M. Adam 1968 *A Nation in Search of a Script: The Problem of Establishing a National Orthography.* Makerere, M.A. thesis.
Johnson, John William 1969 'A bibliography of the Somali language and literature', *African Language Review* 8: 279-97.
────── 1973 'Research in Somali folklore', *Research in African Literature* 4/I: 50-61.
────── 1974 *Heellooy, Heelleellooy: The Development of the Genre Heello in Modern Somali Poetry.* Bloomington.
────── 1978 'Somali prosodic systems'. Paper presented at the Ninth Annual Conference of African Linguistics, April 7, 8 and 9, East Lansing, Michigan State University [awaiting publication].
Laitin, David D. 1977 *Language, Politics and Thought: The Somali Experience.* Chicago.

Lewis, I.M. 1968 'Literacy in a nomadic society: the Somali case', in
J. Goody (ed.) *Literacy in Traditional Societies*. Cambridge.
Maxamed Xaashi Dhamac "Gaarriye" 1976 'Miisaanka maansada', *Xiddigta
Octoobar* 3/425:3; 4/2:3; 4/8:3; 4/14:3; 4/20:3; 4/55:3; 4/73:3;
4/90:3 and 4/108:3.
Omar Osman Mohamed 1975 *From Written Somali to a Rural Development
Campaign*. Mogadishu.
SDR/MING (Somali Democratic Republic, Ministry of Information and National
Guidance) 1973 [in progress]. *Xiddigta Oktoobar*. [A daily news-
paper dealing with political and cultural affairs.] Mogadishu.
——— 1974a *Our Revolutionary Education: Its Strategy and Objectives*.
Mogadishu.
——— 1974b *Somalia: Five Years of Revolutionary Progress*. Mogadishu.
——— 1974c *The Writing of the Somali Language: A Great Landmark in our
Revolutionary History*. Mogadishu. *Xiddigta Oktoobar*, see SAR/MING 1973.

Résumé

LE DEVELOPPEMENT DU SOMALI COMME MOYEN NATIONAL DE
TRANSMISSION DE L'ENSEIGNEMENT ET DE LA LITTERATURE

Aussi loin qu'on puisse remonter dans le passé, les Somalis avaient une littérature orale hautement développée. Le domaine dans lequel ils se distin-
guaient particulièrement fut celui de la poésie à allitération. Et pourtant,
leur langue n'avait pas d'écriture officielle jusqu'en 1972 et l'on se
servait de l'arabe, de l'italien et de l'anglais au lieu du somali dans
toutes les communications écrites et dans l'enseignement. Ceci provoquait
des divisions artificielles et gênait le développement dans un pays où, à
l'exception d'une minorité infime, tout le monde parle une même langue. Mais
des écritures 'non officielles' en caractères arabes ou latins, ou encore
d'autres qui se servaient d'alphabets inventés au XXe siècle, étaient employées par des petit groupes d'individus. Lorsque la Somalie devint indépendante en 1960, le gouvernement a nommé une commission qui devait évaluer les
différents systèmes et choisir l'un d'eux comme écriture nationale. En même
temps un département spécial fut créé au Ministère de l'Education, entièrement voué à l'étude de la langue somalie et de sa littérature orale.

Le choix d'un alphabet pour le somali devint bientôt un problème
inflammatoire, étant donné les tendances religieuses et politiques en présence, et les tentatives finirent en impasse. Mais, lorsqu'en 1969 le Gouvernement Révolutionnaire accéda ou pouvoir, l'introduction du Somali écrit cons-
tituait un des points de son programme. La Commission pour la Langue Somalie
a été reconstituée et renforcée et c'est elle qui a préparé tous les manuels
scolaires nécessaires et les matériaux pour l'alphabétisation des adultes.
En 1972 fut introduite une écriture nationale en caractères latins et, en
quelques mois, le somali devint la langue unique employée dans les affaires
publiques et l'administration ainsi que le moyen d'éducation dans l'enseignement primaire. Ces dispositions furent suivies d'une campagne d'alphabétisation d'envergure nationale et l'introduction progressive du somali dans
l'enseignement secondaire et supérieur. En 1973 fut créé une Académie de
Culture au sein du Ministère de l'Enseignement Supérieur et de la Culture.
Le personnel de cette Académie se consacre entièrement aux recherches dans le
domaine de la littérature orale et de la culture nationale, à la publication
de livres et revues littéraires; elle encourage et subventionne les nouveaux
auteurs de langue somalie.

Le succès indubitable de l'expérience somalie est dû, pour beaucoup, aux minutieuses recherches et à la préparation soignée des savants somalis, soutenus par les *mass media*, en particulier par la radio. Grâce à eux, le somali possède aujourd'hui un riche vocabulaire moderne dans le domaine de la science, de la technologie et des théories politiques.

L'emploi du somali comme langue nationale officielle a eu des conséquences sociales de grande portée. Il a donné à un grand nombre de citoyens qui ne connaissent aucune autre langue, le moyen de participer pleinement à la vie de la nation, il a rendu possible une alphabétisation de masse, il a fortement contribué à l'émancipation des femmes et a rapproché des gens de niveaux d'éducation différents.

FOUR RATIONALISATIONS FOR MAINTAINING EUROPEAN LANGUAGES IN EDUCATION IN AFRICA

GILBERT ANSRE

Over the years there have been a good number of conferences on the use of indigenous languages as media of instruction in schools in Africa. In virtually all cases, the conclusion arrived at has included statements to the effect that there are great educational, cultural and social advantages in learning in our own languages. Teaching in the mother tongue, especially in the first cycle of the educational system, is highly recommended to educational authorities. However, the enthusiasm of the languages expert is often dampened by what are usually referred to as more practical demands which necessitate the maintenance of the languages of the previous metropolitan European colonial power. Although one sees some signs of change in the attitude of the educational planners of some countries, it can be said that except for a few countries in Sub-Saharan Africa, there is a marked reluctance to embrace fully the recommendation of the use of the indigenous language.

In yet another seminar convened to review the present and future role of African languages in the educational process in African countries, it is natural to expect that the discussion will centre around the study and use of the languages. But we would like to draw attention to the point that a scrutiny of the reasons which people give for not teaching African languages and/or not teaching in them can also be a very profitable exercise. Not only must we be convinced that our position, i.e. emphasising the indigenous language, is called for and viable; we must also examine the opposite view as to its validity and compare the relative merits of each argument. Only then can we be said to have considered the issue comprehensively.

The purpose of this paper, therefore, is to examine four of the most frequently given reasons why the colonial, European languages should be used in our schools. For the sake of preciseness we shall limit the discussion to a) the first cycle of the educational system and b) the use of the indigenous language as a means of instruction. This means that the position of secondary and higher education will not be dealt with here. It also means that the case for studying the indigenous language as a subject on the curriculum is also deferred. In fact in the case of the latter, convincing arguments have been adduced elsewhere[1] and the fact that the languages are studied throughout the educational system of a good number of countries is an indication that people are convinced of its need and usefulness.

In a number of discussions and interviews with a cross-section of educated West Africans, the reasons why the use of European languages is usually regarded as preferable to the use of African languages in educating Africans were elicited. Those interviewed included officials of Ministries of Education and other civil servants, military personnel, economists, political scientists, teachers, businessmen and erstwhile politicians. An analysis of the interviews shows clearly that by far the most frequently given reasons for preferring the maintenance of European languages as media of instruction are the following four:

1. The cost of producing educational material in indigenous languages is excessive in both money and human effort.

2. The world is 'shrinking' and pupils need an international language to be able to have dealings with people from different countries and large groups.

3. With so many languages and tribes in the country, there are tendencies towards tribalism and divisiveness and therefore it is better to use a neutral foreign language to achieve national unity.

4. Since we need rapid technological development and yet since none of the languages is 'developed' enough for use in giving modern technological education, we must teach in the languages which have a highly developed technical and scientific terminology and concepts.

It may be said that some of the less well-argued sentiments expressed, as should be expected, include:

'The European languages are more polished and civilised, and using them is a sure sign of high education.'

And then an ingenious one:

'If we don't use their language they will not help us.'

It must be pointed out that the number of highly-placed and influential people who subscribe to the first four opinions expressed above is very substantial indeed and the conviction with which they hold them is very deep-rooted. Any serious attempt to advocate a universal use of one or some of our indigenous languages in the educational system, which disregards this class of people, does so at its own peril. We are therefore obliged not only to argue for the need to use these languages, but also to seek to deal with contrary points of view which are deeply entrenched in the minds of the people who matter when it comes to implementing our suggestions.

For the rest of the paper we plan to examine, in turn, the validity of these four opinions, in as far as they are applicable to the ultimate objectives and practices of first cycle education, i.e. in the Primary or Elementary school system. It is submitted that only when we have been able to demonstrate that these arguments are false, or at least, weak at some points, and that those we give are better - i.e. more reasonable as well as ultimately more useful, can the educational planners and policy makers be persuaded to change their long-acquired and accepted positions. Some of the arguments to be advanced here are not new. They have been presuppositions which underlie the conclusions and recommendations of many conferences and policy suggestions. Only maybe, attempts have not been made to present them cogently and to articulate them clearly enough in public. Others are relatively new positions which we have arrived at more recently, as a result of research and rethinking which the opportunity to struggle through the problem of the implications of linguistic work for national development have made possible.

The Cost Argument

The case of those who hold the view that it is too costly to produce materials and teach them in the indigenous languages is argued along the following or similar lines: That the country being poor, is economically overstretched in attempting to provide for even the bare necessities of life. That on the other hand, 'good quality, ready-to-use' materials are easily available, often at subsidised rates, in the country and language of the former colonial power. Moreover, the educational traditions in the country have been in that language: teachers have been trained in it, the general administration of the country is carried out in it and the major economic transactions are undertaken in it. Thus, rather than deploy the scant resources of the land in producing educational materials in one, or more likely, several local languages, it is wiser to obtain these metropolitan materials and use these resources for other development projects.

Within the last decade or so, there have emerged slight variants of this argument. For example, whereas it is accepted that new materials should be prepared to meet the needs of the country, these have been done in the metropolitan language - English, French, Portuguese, etc. Then the argument is that it would be too costly to prepare materials either in one or several indigenous languages. In addition, it is said, the printing cost of these materials would be prohibitive. Yet another point asserted is that qualified manpower for adequate teaching and supervision in those languages is too costly to procure. Therefore one should maintain the linguistic *status quo*.

While it is true that financial strictures do place a great deal of restrictions on what could be done in the preparation of educational materials, we submit that many people who hold this view suffer from some or all of the following conceptual deficiencies:

1. They may be unconscious victims of what I have referred to elsewhere as Linguistic Imperialism.[2]

2. They may have a short-sighted and stilted sense of economy.

3. They may have a superficial concept of national development and therefore of the educational requirements which will generate such a development.

By Linguistic Imperialism we mean the phenomenon in which the minds and lives of the speakers of a language are dominated by another language to the point where they believe that they can and should use only that foreign language when it comes to transactions dealing with the more advanced aspects of life such as education, philosophy, literature, governmetns, the administration of justice, etc.

Of course, Linguistic Imperialism is a sociolinguistic phenomenon with very marked psychological effects. One such effect is the belief, often unconscious, that the dominating language intrinsically has characteristics which qualify it for special, more sophisticated use than the indigenous language and that the indigenous language is incapable of achieving such a status. As is to be expected, it often results from political, technological and economic domination such as colonialism or slavery. But these are not the only causes of it. Linguistic Imperialism has a subtle way of warping the minds, attitudes and aspirations of even the most noble in a society and of preventing him from appreciating and realising the full potentialities of the indigenous languages. Victims of it are often convinced that despite the fact that large numbers of the public may not be able to speak the foreign language it is good for the country and its resources to be utilised in developing it, at the expense of the indigenous language(s). As will be seen elsewhere in this paper, they are those who readily plead for the maintenance of the dominating language by exaggerating the difficulties and deficiencies of the local languages.

Secondly, if one truly appreciates the extent to which a sound basic and universal education is a contributing factor to economic, technological and social development of a society and the part which language plays in this educational process, one can only insist that education must be given, especially in the early stages, in a language which the pupil controls best. It is only by this means that the country can be assured of maximum returns on its investment of finance and manpower in education. Also if we realise that it is more than likely that a great deal of drop-outs and failure cases in schools in Africa are due to lack of ability to manipulate the language of education adequately, we shall appreciate how vital it is that creating educational materials in the local languages and teaching in them are an ultimate economic must. Moreover, whether it is cheaper to teach a new language to all the millions of pupils and the thousands of teachers in order to begin the process of education than to select a few well qualified experts to prepare teaching materials in local language(s) is an economic question with very obvious answers. Time does not allow the detailed discussion of the cost of printing and publishing the materials. All that we can say here is that school materials need not be the glossy and highly finished products which are characteristic of the very affluent nations and their exorbitant publishing houses. A great deal of material has begun to appear in classrooms which could be almost described as home-made, and these have proved to be most beneficial and very modest in cost. It is for these reasons that we claim that the cost argument can be a rationalisation for maintaining the European language in schools.

The 'Shrinking World' Argument

Advocates of this view argue that in today's world there is a tendency of a few international languages such as English, French, Spanish and probably Russian, dominating other languages. That these relatively few languages enable one to communicate with a vast number of people and to acquire a lot of knowledge and skill. It is therefore wiser for schools in African countries to teach in English and French etc. from as early as possible so that the child will acquire full competence in those languages.

In West Africa a current argument is that since Anglophone and Francophone countries share common borders and are more likely to share increasingly in international activities in the future, it is better to educate the children in the metropolitan and international languages than in the local languages.

We submit that while it is true that the international languages are being spoken by more and more people, the primary aim of first cycle education in any country is not to teach the children to become international personages. The purpose should be to equip the pupil with the means of contributing firstly to the national life of his or her country. Thus the educational objectives of a country should first aim at *intra-national* integration and not at *inter-national* relations. The child must first be taught to discover himself as a worthy member of a worthy society with a respectable language which can be used with a sense of pride. Thereafter he may be taught about people and languages beyond the confines of his society. In any case, those of us ordinary Africans who frequently move across the borders of our countries always prefer to speak a common African language whenever possible. It has become clear that the 'melting pot' concept of many apparently homogenous linguistic societies have proven to be unsatisfactory for many, and minority self-identify coupled with a strong desire to reassert linguistic rights is the trend in many parts of the world today - especially in the very home countries of those same international languages. What is necessary is to ensure that the child is trained to contribute to national development and is well integrated within his society - in the case of Africa, a multilingual society. If this education is done well, without recourse to fanatical nationalism, cordial relationships will emerge. It must be noted that we are not saying that European languages should not be taught in African schools - far from it! They should be taught and taught well. But the teaching of children in a language that they have not mastered well, in the name of internationalism, is an unsound educational principle. Ultimately, only very few of our citizenry actually get involved in international activities and the appropriate European language(s) can be learned specifically ('polished up' for high performance) if need be. The chances of a sound and solid educational foundation for our children should not be sacrificed on the altar of internationalism. At best, this argument is also ill-conceived.

The Detribalisation Argument

Those who support this argument start from the premise that the many languages and ethnic groups in the country create tensions, divisions and rivalry. They then go on to say that the encouragement of the greater use of local languages is likely to increase these differences. What is more, the selection of one or some of them for development will lead to discontentment, especially among the speakers of the other languages. To avoid this, one should either select or encourage a neutral foreign language for use in the country. Educating children in it will result in a new generation of a united people who are oblivious or less conscious of their tribal origins and dedicated to national unity.

The flaws in this line of argument are:

a) that it refuses to realise that the mother tongue or a language which is well known must always be the medium of education, if such education is to be most beneficial and efficient.

b) that it believes that tribalistic tendencies will disappear merely by the teaching of or in another language, i.e. by the introduction of another culture trait.

c) that, in fact, rather than replace the tribes, it adds at least one more - haughtily conscious of being elitist, identified by their lack of any heritage and alienated from the rest of the population.

c) that it does not see the challenges and opportunities which lie in utilising the very multilingual situation for nation-building.

Again, we must guard against confusing an attempt to change society into something it is not and cannot be, with sound educational principle. Anyone knowledgeable about the characteristics of social change knows that ethnic peculiarities, especially linguistic ones, are most difficult to alter and that they cannot just be replaced by completely different ones. What is necessary is to incorporate its teaching into the educational curriculum.

Secondly, as we have already indicated elsewhere[3], the challenge which faces multilingual Africa is how it can utilise this multitude of languages, which it cannot get rid of, to generate deep-level mutual respect and understanding and therefore, national unity among the members of the nation-state, and thereafter between nation-states. Teaching in the languages, teaching about them, encouraging speakers of one language to learn to speak other languages and learn about their speakers' habits, institutions, world views and aspirations is one sure way of bringing about national understanding and a sense of respect and tranquillity. From the experience of the past two decades of nation building on the continent, there is no evidence to demonstrate that lack of ability to speak any of the African languages has made some less tribalistically minded than others who speak them. Moreover, the world-wide movement back to traditional grass-roots and more intimate groupings is indicative of the importance of the linguistic and socio-cultural sub-groups. When the term 'tribe' was declared as banned a few years ago from official use in an African state, someone made a wisecrack: 'You must rather ban tribalistic behaviour, not the word tribe!' We cannot prevent small groups from forming in any society. Much less can we disband those groups which have long histories and a complex of deeply-entrenched institutions, traditions and habits. What we should do is to educate its members adequately and ensure that they behave decently and responsibly toward members of other groups.

The Technological Advancement Argument

Finally we have those who argue that since African languages are not developed enough in scientific and technical terminology (in fact we still hear claims that they have very limited vocabulary), and since the effort and cost of evolving such terms for completely new concepts are prohibitive, we should be content, at least for now, to use languages in which these terms have already been well developed and whose speakers are advanced in modern science, technology and the humanities, in educating our children.

This position, while rightly acknowledging the need for modernisation and development in our countries, forgets that languages are capable of developing or being developed to cope with scientific, technological and philosophical inventions and innovations. In fact, it forgets that what we refer to today as the scientifically sophisticated languages were once regarded as primitive and uncivilised vernaculars of the barbarians. With more knowledge of how language works and develops, it is relatively easier to undertake language corpus planning for the purpose not only of elementary school education but for wider use in development. Experimentation in many parts of the world, including attempts to evolve a viable legal terminology in Swahili, scientific and political terms in Malaysian and the scientific study of such activity, as well as innovative terminology (such as motor-car terminology in Israel) are pointers to the direction in which African linguists, scientists and creative writers must go.

We must also point out that the terminological sophistry which elementary school education requires is often overplayed. While the educationist must be well versed in the details and the nuances of the terms and concepts he teaches, the first cycle of education must not be seen as a place for acquiring sophisticated and complex terms. Knowing the principles involved in processes and phenomena is more important. In fact it would seem that the main objectives of this level of education is not so much the learning of technology - at least not to a high degree - as the acquiring of the learning techniques such as reading, writing, thinking, speaking and calculating, knowing about the environment and society, and the acquisition of socially desirable habits. And we insist that all these are best done in the indigenous languages of the pupils. It would seem that while many complex factors are involved in the dichotomy between the developed and the so-called developing countries, and while we are not claiming a necessary cause and effect relationship, it is clearly the case that the more developed communities use their own languages in education and technical training while Third World countries use foreign languages. There seems to be reason to believe that one positive contributing factor to Japan's economic and technological advancement is her ability to teach pupils in Japanese and to use it in her scientific, technological and cultural development. We recognise that Japanese is widely spoken through the islands. But the multilingual situations in our countries is a surmountable problem. How to deal with it must be the theme of another paper. But to adduce technological sophistication as the reason for teaching in a foreign language is an unacceptable position.

In the foregoing, we have attempted to scrutinize four popularly held views on the use of the languages of our former European colonial masters and contemporary economic and technological associates. We claim that the reasons given for their continued maintenance as media of instruction in the first cycle of the educational system for pupils whose first language it is not, is wrong. We hope that these statements will generate some useful discussion. If, in addition, some who previously held similar opinions are willing to review their position the aims of this paper will have been more than fulfilled.

NOTES

[1] See for example, Spencer, J. 1963 *Language in Africa*. Cambridge.

[2] See Ansre, G. 1975 'National development and Language: a prologue to language policy formulation and implementation.' Paper presented at 12th West African Linguistic Congress, Ife. P. 10.

[3] Ansre, G. 1970 'Language policy for the promotion of national unity and understanding in West Africa'. Paper presented at the International Conference on Cultural Diversity and National Understanding within West African Countries, Institute of African Studies, Legon.

Summary

QUATRE RATIONALISATIONS EN FAVEUR DU MAINTAIN DES LANGUES
EUROPEENNES DANS L'ENSEIGNEMENT EN AFRIQUE

Cet article relève quatre des raisons que l'on avance le plus souvent en faveur de l'enseignement en langues européénnes en Afrique, et qui émanent d'un groupe représentatif d'Africains de l'ouest issus d'un milieu éduqué et influent. Ces raisons sont ensuite étudiées à la lumière des conceptions de l'auteur sur l'enseignement élémentaire. Il conclue qu'il s'agit plus fréquemment du résultat d'une rationalisation que de raisons pédagogiques et sociolinguistiques solidement étayées.

AFRICAN LANGUAGE EDUCATION:
A SOCIOLINGUISTIC PERSPECTIVE

AYỌ BAMGBOṢE

A survey of the use of African languages in education in most African countries south of the Sahara is bound to present a dismal picture. In a majority of the countries, notably the French-speaking countries and some English-speaking ones such as Liberia and Sierra Leone, the mother-tongue is not used at all in the formal school system. It is taught as a subject up to secondary school in a few countries such as Ghana, Nigeria, Tanzania and Uganda. It is used as a medium of instruction in the lower classes of the primary school in some countries, and its use as a medium of instruction for the entire primary education has been reported only in Tanzania, Somalia and in the Six-Year Primary Project in Ifẹ, Nigeria.[1] It is perhaps only in adult literacy that there seems to be a wide acceptance of the inevitability of using African languages in education; but even here, with a few exceptions such as Mali, the amount of investment is so meagre that the actual results are not very encouraging.

It is natural for linguists and educationists who are convinced about the importance of African language education to wish to deplore the current state of affairs; but this in itself will not do. It is perhaps more important to try and understand why the situation is the way it is. It is only in this way that we may be able to work for an improvement.

Educational language policy 'which concerns what languages will be used as media of instruction and as subjects of study at the various levels of public and private education' (Karam 1974: 112) is an aspect of the general language policy (i.e. what languages are to be used for what purposes) in a state. And in most African countries south of the Sahara, the general language policy involves the use of a language of wider communication, such as English or French, as an official language and the language of secondary and higher education. (Tanzania is something of an exception in that it recognizes Swahili as a national language).

This current policy no doubt owes a lot to historical factors. All the countries concerned were formerly colonies of European powers which imposed their languages as official languages. However, within this broad framework, differences in educational policies existed. For example, in the French and Portuguese colonies, education in the mother tongue was forbidden, while in the British and Belgian colonies, it was tolerated or even encouraged (Spencer 1971). It is no accident then that the present state of African language education largely reflects this difference in bias.

Colonial educational language policies were aimed at producing an elite - in the words of Macaulay, 'a class who may be interpreters between us and the millions whom we govern' (Dakin 1968: 6-7)[2]. With the coming of independence, concerns in language planning have focussed on the need for political integration and efficiency in the nation-state as well as the need for sociocultural integration and authenticity (Fishman 1968: 44; 1971: 34). A nation is interested in conducting its affairs in the most efficient way possible. It therefore tends to look outwards to a language of wider communication which is already associated with high technology and higher education. On the other hand, the nation is also interested in the preservation of its cultural heritage and the bridging of the gap between the elite and the masses, and this naturally makes it look inward to one or more indigenous languages.

Such is the importance of this cultural aspect that African governments, even those that have no place for African languages in their educational policies, have felt the need to show that their ultimate policies will certainly give an important role to African languages. Thus, the Government of the Republic of Benin intends to reform its educational policy and reinstate its national languages (Yai 1976: 80) and the Government of Senegal has promulgated a decree on the transcription of its national languages as a preparatory step to their introduction in education (Bamgbose 1976: 22)[3]. However, these declarations notwithstanding, the net result of the educational language policy in most African states is that it has remained elitist, very much like the colonial policies. Why is this so?

The importance of a language in education is directly related to the role of that language in the general framework of the nation's language policy. Given that a language of wider communication such as English or French continues to be a country's official language and the language of secondary and higher education, it follows that such a language must of necessity attract greater resources and consequently acquire enormous prestige in the school system. For most children going to school, mother tongue education, even where given, is then seen as an interim phase that needs to be passed before the beginning of the serious business of acquisition of knowledge in the language of higher education and technology.

Social attitudes are accordingly influenced. In a study of language choice in Kampala, Scotton (1972: 129) found that

> In most Kampala situations requiring a lingua franca, most people are likely to speak Swahili. But Swahili is still considered by most Africans to be the language of the less educated. English is recognized as the language of learning and position. Parents even though they may speak Swahili regularly and English infrequently or not at all, want their children to learn English as well as Swahili in school.

Similarly, in a review of mother tongue teaching in Uganda, Walusimbi (1971: 147) comments as follows:

> Teachers as well as parents believe that English is the only means which will enable children to pass the Primary Leaving Examination, to enter secondary schools or any other post-primary institutions and eventually secure good jobs. English, to many people, means life.

These findings are consistent with the reality of the situation in all countries where an exoglossic language is the official language. Not only do parents want their children to learn this language, they sometimes ensure, by sending the children to special schools, that they start learning the language from an early age. In a few cases, parents even make their children speak this language at home.

Pretty much the same attitude is to be seen at work in the advocation of an early study of the official language, as for instance in Tiffen (1968: 84): 'Is there any point in educating children in the vernacular at the beginning if they have to be educated in English after a few years anyway? Why not go straight for English?'

These attitudes tend to ensure the continued supremacy of the exoglossic languages and to perpetuate the current educational policies. They may even interfere with any move to effect a change. An interesting example is the Six-Year Primary Project at Ifẹ. The project is designed to teach all the primary school subjects for the full duration of six years through the medium of Yoruba, the indigenous language of the pupils. Although results from the experiment have been very encouraging, initial reactions were not particularly favourable. When the project was first publicized, the government-owned newspaper for the State, the *Daily Sketch*, came out with an editorial calling on the government to 'define' the experiment so that there will be no 'erroneous belief that it has been adopted as a policy'. It then went on to criticize the policy in the following terms:

> For example, the experimental children may be placed at a great disadvantage vis-à-vis their counterparts who are receiving their lessons in English. If the experimental pupils have to compete with others in matters of entrance to secondary schools, they would obviously be at a disadvantage. The problem could become accentuated whey they get into Secondary schools with other pupils.[4]

In expressing the above view, the paper was reflecting widespread fears, particularly among the elite. Suffice it to say that these fears have proved unfounded;[5] but such was the force of the objection that the Ministry of Education came up with a statement to the effect that 'the use of (the) Yoruba language as a medium of instruction was only an experiment and that there had been no official decision on the language being used as medium of instruction in all primary schools'.[6]

The example above is a pointer to the difficulty that is likely to beset any proposals for a radical change in the status quo, as far as educational language policy is concerned. And it is only a change in the status quo that can enhance the role of the indigenous languages in education.

Discussions of African language education inevitably lead to the question of the multiplicity of languages in the various countries, and the problems posed by this. Thus, it is suggested that initial literacy in all mother tongues is simply impossible to achieve (Bull 1964: 529) and that the use of several languages as media of instruction is uneconomical from the point of view of materials, teachers training, and mobility of teachers (Castle 1966: 204-205). One must admit that multiplicity of languages does constitute a problem, particularly in the case of languages with relatively small numbers of speakers, but the Rivers Readers Project which involves initial literacy in a number of smaller languages and dialects is a pointer to what can be done.[7] As far as their use as media of instruction is concerned, one must admit that it seems unlikely that this will be possible except with the larger languages.

The problem of education in the indigenous languages notwithstanding, it seems that such education is bound to become an inevitable aspect of an over-all language policy in the multilingual African states. Granted that in any nation-state, each citizen must 'have equal access to the system and opportunities to participate in it' (Kelman 1971: 40), it follows that the masses who are largely illiterate must be made literate. This can be done in one of two ways: either the exoglossic language is spread to reach everyone or people are made literate in their mother tongue into which the official language can then be translated for the purpose of communicating information about government's plans and activities.

The option of adult literacy through English or French is largely unworkable partly because of the difficulty of learning to read and write in an unfamiliar language (Alexandre 1972: 96)[8], and also because of practical difficulties such as availability of teachers. For very much the same reason, initial literacy in the formal school system has to take into consideration the child's mother tongue. Even in those countries where the policy has been to ignore the child's mother tongue, questions are now being raised about the validity of such a policy, and the mother tongues are being taken into consideration more and more in the preparation of teaching materials.

An educational language policy that is heavily dependent on an exoglossic language is only possible within the context of an elitist approach to education i.e. one in which the expectation is that only a very small proportion of the population will be educated. As soon as expansion in education takes place, for example through the introduction of Universal Primary Education such as Nigeria embarked upon in September 1976, children from 'language tributaries that never reached the main educational stream' (Fox 1974: 6) are bound to be brought into the school system. This immediately intensifies the teacher problem. At the moment, it is unrealistic to expect that every primary school teacher will be a good model in an exoglossic language such as English or French. The logic of this is that education in African languages, particularly at the initial stages of the primary school, will be a necessity.

Another factor that is of some relevance here is that more and more, the emphasis in multilingual and multicultural countries is in the direction of bilingual education. No longer is it considered desirable to treat an African child coming to school for the first time as though he were an English or French child. There is greater awareness that the child brings with him one or more African languages which must be exploited in the attempt to educate him. Attention has also been drawn to the fact that the premature use of 'weaker' language (i.e. a language in which the child has less competence) for learning purposes is likely to lead to retardation (Macnamara 1967).

It is obvious from the above that mother tongue education has to be part of a comprehensive language policy in which the place of the indigenous languages is well defined in relation to languages of wider communication such as English and French. The most common model in the countries where there is an active use of the mother tongue in education is initial literacy through the medium of the mother tongue in the first two or three years of primary education. In spite of certain unsatisfactory aspects of this model, it seems most likely that it will continue to appeal to those embarking on mother tongue education as a cautious, and therefore reasonable, beginning. Where, as in Ghana, there is a widespread language such as Akan which could conveniently become a national language in the future, a language policy will also provide for the study of this language by non-Akan speaking pupils, preferably at the secondary school level. In a country such as Nigeria where the language situation is very complex, a reasonable language policy might involve the use of the mother tongue for initial literacy, and the study of English and a major Nigerian language such as Hausa, Yoruba or Igbo in addition to the mother tongue.

In order to make mother tongue education possible where it does not exist at the moment and to improve its quality where it does, activities in four main areas will need to be encouraged. These are: Applied Language Research, Teacher Training, Publishing, and Exchange of Information.

(a) *Applied Language Research*

By applied language research, we mean such activities as devising and harmonization of orthographies, collection of texts, devising of primers and other reading materials.

Basic to all applied language research of the type outlined above is a good description of the language concerned. Thanks to the work of missionaries and linguists, a good number of the languages have been described and it should not be too difficult to proceed to devise practical orthographies. In this connection, it is important to stress that descriptive work on any language, no matter how small the number of speakers, should not on any account be discouraged. Recently, a government official charged with the production of literature in a specified number of government-recognized languages was complaining about the activities of a missionary-sponsored body which had been conducting research in one of the 'unrecognized' languages. This he felt, was bound to stimulate a demand for recognition, and if such demands were multiplied, could lead to a breach of government policy. The truth, of course, is that it is still up to the government concerned to grant or withhold recognition. Since decisions of this type are fluid and subject to review, it would be wrong to prevent scientific work in a language which might eventually be recognized. It must be remembered that everyone has a right to his mother tongue. The real factor militating against the use of all mother tongues in education is not one of principle, but of cost. Where literacy in the mother tongue could be organized without too much expense, such an effort deserves to be encouraged, no matter how small the language is.

Three types of activity involving orthographies can be envisaged: the first is to devise an orthography for a language that is hitherto unwritten or virtually unwritten, the second is to revise an existing orthography with a view to removing inconsistencies; the third is to harmonize orthographies. All three types of activity are currently going on in African countries. As languages are described for the first time, suggestions are made as to the best practical orthographies that should be used to write them. Sometimes such efforts are carried out by individual researchers and sometimes they are sponsored by a language committee in which users of the language are adequately represented. (This is the case in Nigeria with the Rivers Readers Project and the orthography for the Itsekiri Language Project).

Revisions of existing orthographies are necessary in order to facilitate both the teaching and production of materials. Such an exercise has been done for several languages in Nigeria, including Hausa, Igbo, Yoruba and Efik. Harmonization of orthographies on the national level has been attempted in Senegal, Togo, Upper Volta and, at the sub-national level, in the Bendel State of Nigeria. Harmonization across national boundaries has also been tried out. Two examples are the Bamako meeting of 1966 which recommended harmonized alphabets for Mandingo, Fulani, Tamasheq, Songhay-Zarma, Hausa and Kanuri, and the Regional Seminar on Normalization and Harmonization of the orthographies of languages spoken in the Republic of Benin with those of the neighbouring countries, which took place in Cotonou in August 1975. Both these conferences were sponsored by UNESCO, and the implication of the acceptance of their recommendations will be to facilitate production of materials in the languages concerned and, to some extent, the use of materials produced in one country by another country.

Collection of texts is an activity that often goes hand in hand with basic research. Even when such texts are not in the orthography to be finally employed for the language, they are still very useful in that they could easily be adapted. Texts of oral literature, history and legends are useful materials which could be adapted as supplementary readers and also reading materials for adult learners.

For languages which are being used for the first time in literacy, primers will have to be devised. It is advisable to have experimental editions of such primers for testing out in schools before more permanent editions are printed. It is hardly necessary to stress that such primers must be accompanied by supplementary readers which learners can read for pleasure. For languages already being extensively used as media of instruction, it may be necessary to embark on modernization and production of materials for teaching primary school subjects, apart from English, up to the highest class that may be permitted by the educational policy. In the Six-Year Primary Project at Ife, such materials are now available for teaching all school subjects, other than English, for all six classes in the primary school.

The type of activities which we have been discussing above requires efforts at different levels: Ministries of Education, Universities, Language Boards and Commissions, Local Language Committees, etc. Already such bodies are active in one or more areas; for example, the Provincial Literature Bureau in Sierra Leone and the Bureau of Ghana Languages which are charged with the production of texts. Even in a country like the Republic of Benin which is yet to embark on mother tongue education in the school system, the Commission Nationale Dahomeene is already devising orthographies and producing texts in a number of languages[9]. Perhaps what is required at this stage is that, in each country, there should be a national body to coordinate the various activities. A National Language Centre for instance can oversee all the activities going on in applied language research; it could also serve as a centre for training and dissemination of information.

(b) *Teacher Training*

One of the main weaknesses in the teaching of the mother tongue in schools is the total lack of training for the teachers called upon to do such teaching. It was erroneously believed in the past that not much preparation was required for such teaching at the teachers were themselves native speakers of the languages. Experience has shown, however, that this attitude is unjustified as there are many factors which militate against effective teaching by such untrained teachers. Methodology of first language teaching needs to be imparted to teachers of the mother tongue. In addition, such teachers should be taught something about the structure of the language, and care must be taken to see that they can master a standard variety of the language. In a survey of Yoruba teaching conducted recently in Ibadan,[10] it was discovered that quite a number of teachers had problems in communicating with their pupils because they often spoke dialects of the language that were not very intelligible to their pupils.

There are a number of ways of handling this question of training. Firstly, all teacher training colleges should introduce methodology of the mother tongue into their curriculum, in addition to a descriptive study of the language. Secondly, where resources permit, special institutions may be established for training mother tongue teachers. One example of this is the Teacher's College at Ajumako in Ghana which is established for the training of teachers of Ghanaian languages. This is an example that deserves to be copied by other countries. Thirdly, short training courses, seminars, and vacation courses could be arranged periodically to introduce even those already trained to new techniques or new developments in the study of the languages concerned.

(c) *Publishing*

Most of the publishing houses in Africa south of the Sahara are geared to printing books in English or French rather than in the indigenous languages. The result of this is that it is more expensive to print texts in the local languages since special symbols have to be improvised and hand-set. Even when it is desired to reduce costs by using a typewriter, the orthographies of these languages necessitate a typewriter with a modified keyboard. Again such typewriters tend to be expensive.

If production of materials in the mother tongue is to be facilitated, it will be necessary to encourage the establishment of a few local presses which can print with greater ease, materials in these languages. Furthermore, a logical consequence of harmonization of orthographies is that it ought to be possible to devise a special typewriter which can serve several languages in the region, and can be marketed cheaply, since production could be arranged on a large scale.

It used to be thought that initial literacy in the smaller languages would be very expensive since materials for a small number of pupils would have to be produced by letter press. Experience with the Rivers Readers Project has shown that materials could be produced much more cheaply either through stenciling or photocopying. Also in the Ifẹ project, a lot of the materials being used by the pupils are mimeographed ones. It would seem, therefore, that even where a local press for publishing in these languages is not available, a lot could be done by typing materials using typewriters with a special keyboard.

(d) *Exchange of Information*

One noticeable problem which has been identified and stressed again and again at international meetings is the dearth of information on developments and experiments that are going on in the various countries in mother tongue education. There is need for a continuing exchange of information so that one country can share the experience of another. Such was the concern expressed in this matter that the UNESCO-sponsored programme, Anthropology and Language Science in Educational Development (ALSED) at its Round Table meeting in May 1974, established as one of its principal functions 'a rapid exchange of information on experimental project, pilot projects, teaching experience and needs, linguistic planning activities at national level, national achievements or experiences which might be relevant to one or more regions of the world and strategies adopted to solve specific linguistic problems' (Unesco 1974: 7). Other agencies such as the International Bureau of Education and the International African Institute, through its newly established Language and Education Unit, may also be of great assistance in the dissemination of information. It seems, however, that a consultative body consisting of representatives of Ministries of Education, universities and other agencies in each region may provide a useful forum for periodic exchange of ideas. Perhaps the Secretariat of such a body could also act as a clearing house for information on the developments going on in the various African countries in the field of mother tongue education.

In the rapidly changing political, economic, and social life in African countries, there is a renewed emphasis on, and search for, cultural identity. An important factor in all this is language, which is a veritable vehicle for culture and tradition. Since mother tongue education constitutes a 'renewal of connection' with a people's language and cultural heritage, it is to be expected that its importance in educational planning and policy will continue to increase. A continuing study of the practices, techniques, new developments, and experiments in mother tongue education will therefore continue to be a worthwhile investment.

NOTES

[1] A detailed account of this project including its aims and objectives is to be found in Afọlayan 1976.

[2] Macaulay expressed this opinion in his Minute of 2 February, 1935, in relation to the situation in India.

[3] At the Conference of African Ministers of Education which took place in Lagos in January, 1976, the Director General of Unesco called for the use of African languages as media of instruction in order to achieve greater relevance based on the realities of the African situation.

[4] The editorial is contained in the issue of 1 September, 1973.

[5] This is not to say that these fears may not in some cases be real. For example, Isaacs (1970: 70) reports that entrants to English-medium secondary schools from Swahili-medium primary schools in Tanzania cannot understand their teachers and cannot express themselves intelligibly.

[6] See the *Daily Sketch* 7 November, 1973.

[7] For a detailed account of this project, see Williamson (1976). Another account is to be found in this volume.

[8] In a recent comparative study of the achievements of literate and illiterate adult learners of English, Tomori and Okedara (1975) found that the literate adults' achievements tend to be higher than the illiterates'. This is precisely what one would expect.

[9] This is the name by which the Commission was known before the recent change of the name of the country from 'Dahomey' to 'Benin'.

[10] The survey was conducted by Dr T. A. Awoniyi of the Department of Education, University of Ibadan, Nigeria.

REFERENCES

Afolayan, A. 1976 'The six-year primary project in Nigeria', in A. Bamgboṣe (ed.) *Mother Tongue Education: The West African Experience*. London. 113-34.

Alexandre, P. 1972 *An Introduction to Languages and Language in Africa*. London.

Bamgboṣe, A. (ed.) 1976 *Mother Tongue Education: The West African Experience*. London.

Bull, W.E. 1964 'The use of vernacular languages in fundamental education', in D. Hymes (ed.) *Language, Culture and Society*. New York. 527-33.

Castle, E.B. 1966 *Growing up in East Africa*. London.

Dakin, J. 1968 'Language in education in India', in D. Dakin, B. Tiffen and H.G. Widdowson, *Language in Education*. London 3-61.

Dakin, J., Tiffen, B. and Widdowson, H.G. 1968 *Language in Education*. London.

Fishman, J.A. 1968 'Nationality-nationalism and nation-nationism', in J.A. Fishman, C.A. Ferguson and J. Das Gupta (eds.), *Language Problems of Developing Nations*. New York. 39-51.

——— 1971 'National languages and languages of wider communication in the developing countries', in W.H. Whiteley (ed.) *Language Use and Social Change: Problems of Multilingualism with Special Reference to Eastern Africa*. London. 27-56.

——— (ed.) 1974 *Advances in Language Planning*. The Hague.

———, Ferguson, C.A. and Das Gupta, J. (eds.) 1968 *Language Problems of Developing Nations*. New York.

Fox, M.J. 1974 *Language Education in Developing Countries: The Changing Role of the Ford Foundation* (A Ford Foundation Reprint.) New York.

Gorman, T.P. (ed.) 1970 *Language in Education in Eastern Africa*. Nairobi.

Hymes, D. (ed.) 1964 *Language, Culture and Society*. New York.

Isaacs, R. 1970 'Learning through language - An intensive course for pupils entering English medium secondary schools from Swahili medium primary schools in Tanzania', in T.P. Gorman (ed.) *Language in Education in Eastern Africa*. Nairobi. 70-83.

Karam, F.X. 1974 'Towards a definition of language planning', in J.A. Fishman (ed.) *Advances in Language Planning*. The Hague. 103-124.

Kelman, H.C. 1971 'Language as an aid and barrier to involvement in the national system', in Joan Rubin and B.I. Jernudd (eds.) *Can Language be Planned?* Honolulu. 21-51.

Ladefoged, P., Glick, R. and Criper, C. 1971 *Language in Uganda*. Nairobi.

Macnamara, J. 1967 'The effects of instruction in a weaker language', *Journal of Social Issues* 23: 35.

Rubin, Joan and Jernudd, B.J. (eds.) 1971 *Can Language be Planned?* Honolulu.

Scotton, Carol 1972 *Choosing a Lingua Franca in an African Capital*. Edmonton.

Sebeok, T.A. (ed.) 1971 *Current Trends in Linguistics.* Vol. 7: *Linguistics in Sub-Saharan Africa.* The Hague.
Spencer, J. 1971 'Colonial language policies and their legacies', in Sebeok (ed.) *Current Trends in Linguistics.* Vol. 7: *Linguistics in sub-Saharan Africa.* The Hague. 537-47.
Tiffen, B. 1968 'Language and education in Commonwealth Africa', in J. Dakin, B. Tiffen and H.G. Widdowson, *Language in Education.* London. 65-113.
Tomori, S.H.O. and Okedara, J.T. 1975 'A comparative study of the learning of English as a second language by literate and illiterate tobacco farmers of Oyo North district', *Journal of the Nigeria English Studies Association* 7: 89-101.
Unesco 1974 *ALSED Roundtable: Final Report.* Paris.
Walusimbi, L. 1971 'The teaching of the vernacular language in Uganda', in P. Ladefoged, R. Glick and C. Criper, *Language in Uganda.* Nairobi. 143-51.
Whiteley, W.H. 1971 *Language Use and Social Change: Problems of Multilingualism with Special Reference to Eastern Africa.* London.
Williamson, Kay 1976 'The Rivers Readers Project in Nigeria', in A. Bamgbose (ed.) *Mother Tongue Education: The West Africa Experience.* London. 135-53.
Yai, O. 1976 'Language and education in Dahomey', in A. Bamgbose (ed.) *Mother Tongue Education: The West African Experience.* London. 63-82.

Résumé

LES LANGUES AFRICAINES DANS L'ENSEIGNEMENT: PERSPECTIVE SOCIO-LINGUISTIQUE

L'usage des langues africaines dans l'enseignement tel qu'il se présente dans la situation actuelle n'est guère satisfaisant: ceci est dû au fait que peu de pays africains font usage des langues africaines comme langues véhiculaires dans le domaine de l'enseignement. On insiste en particulier sur le fait que cette situation représente un des aspects de la politique adoptée par plusieurs pays africains vis à vis du problème de la langue: ces pays accordent une grande importance aux langues indigènes. Cette politique de l'enseignement découle du fait que dans la majeure partie des cas, ce sont ces langues européennes qui sont les langues officielles des pays en question. Ceci se répercute sur les attitudes sociales, les parents préférant en général que leurs enfants apprennent le plus tôt possible la langue qui sera utilisée plus tard dans l'enseignement secondaire et supérieur.
En dépit des problèmes évidents que présente l'enseignement effectué dans les langues indigènes, l'usage de celles-ci demeure inévitable du point de vue de la culture et de l'enseignement. Il n'existe par exemple aucun moyen d'éviter que les premières formes d'instruction aient leur début dans une langue africaine, en particulier lorsqu'on a affaire à un nombre important d'élèves, enfants ou adultes. Afin de faciliter l'introduction d'un enseignement effectué dans la langue maternelle là où il n'existe pas et afin de l'améliorer là où il est déjà en place, on propose qu'une importance particulière soit accordée à quatre domaines principaux: recherche appliquée dans le domaine de la langue, formation des enseignants, diffusion et échange d'information.

LANGUAGE AND EDUCATION IN THE SUDAN: PRESENT TRENDS

JAMES D. GABJANDA AND HERMAN BELL

Although the basic theme of this conference is African languages in education, discussion of the position of Arabic is essential with respect to the Sudan, a country which has both Arab and African elements. Arabic cannot be overlooked for three reasons. Firstly, it is the official language of the state according to the constitution. Secondly, it is the medium of instruction in all the three levels of education in the North of the Sudan (primary, junior and senior secondary schools) and also in some post senior secondary school institutions, while it is the medium of instruction in most primary and junior secondary schools and in some of the senior secondary schools in the South of the Sudan. Thirdly, varieties of Arabic serve as the linguae francae among most Sudanese, even in the South among people whose languages are mutually unintelligible, particularly in the urban areas.

In spite of the predominant role of Arabic in the spheres mentioned above, there are well over 100 other languages spoken within the borders of the Sudan. In fact, the precise number of languages spoken is not yet known because of the difficulty of differentiating between language and dialect. The 1956 census, for example, puts the number of languages spoken in the Sudan at 113,[1] whereas Tucker and Bryan (1956) put the number at 106.[2] The situation will be clarified when the Institute of African and Asian Studies, University of Khartoum, completes its language survey of the Sudan, a task which is still in progress.[3] Despite the multiplicity and diversity of the African languages spoken, the Sudan can pride itself as having spearheaded the introduction of African languages in education. This goes as far back as 1918 and 1924 when the preliminary stages were discussed, which eventually culminated in the famous Rejaf Language Conference.

The Rejaf Language Conference, which was held in April 1928, was called by the Sudan Government. It was attended by missionaries, Government officials, and others and the late Professor Westermann, then Director of the International Institute of African Languages and Cultures (now International African Institute), was invited as linguistic adviser. The objects of the conference were:[4]

(1) To draw up a classified list of languages and dialects spoken in the Southern Sudan.

(2) To make recommendations as to whether a system of group languages should be adopted for educational purposes and, if so, what

languages would be selected as the group languages for the various areas,

(3) To consider and report as to the adoption of a unified system of orthography,

(4) To make proposals for co-operation in the production of textbooks, and the adoption of a skeleton grammar, reading books, and primers for general use.

The languages originally chosen by the conference were: Dinka, Nuer, Shilluk, Bari, Latuka and Zande.[5] Other languages i.e. Kreish, Ndogo and Moru were later added to the list. These languages chosen by the conference were the ones to be throughly investigated. The three so-called criteria for the choice of these languages were the following.[6]

Firstly, dialects 'with practically no power of expression' were excluded[7]. Secondly, if a language was spoken by a very small number of people it was thought impracticable to use it. Thirdly, if two vernaculars were so closely related that people speaking one could, without serious difficulty, understand speakers of the other, only one of the two should be adopted for educational purposes.

The orthography chosen by the conference was that recommended by the International Institute of African Languages and Cultures.[8] The basis of this script was and is still the Roman alphabet. The Institute, however, introduced additional symbols from phonetic script to the original Roman alphabet in order to cater for certain sounds which could not otherwise be adequately covered. This phonetic script was based on that originally proposed by the Association Phonétique Internationale.

Besides the Roman alphabet, attempts were also made in the early 1950s to write down some of the Southern Sudanese languages in Arabic script. The languages written in this script were: Dinka, Zande, Bari, Moru and Latuka.[9] The team that achieved this was headed by Dr Khalil M. Asakir, a linguist from Cairo University. Other bodies that attempted it included the American Mission in Pibor, Upper Nile Province, who transcribed Nuer, Shilluk, Anuak and Murle.[10]

The teaching of these African languages continued until 1956 when their role in education was replaced by Arabic.

The next turning point came with the Addis Ababa Accord of 1972.[11] Besides many other things, this conference also stipulated the re-introduction of some of the Southern languages into the educational system.[12] Though the details are still being worked out, the tendency is to re-instate the nine languages recommended by the Rejaf Language Conference of 1928 where teaching materials are still available. In fact the existing primers and post-primers in these languages have already been reprinted.[13] Though these are to some extent out of date, efforts are being made to revise them as well as to develop teaching materials using these languages as the medium of instruction. In order to implement this, the Regional Ministry of Education in Juba has signed an agreement with the Summer Institute of Linguistics to help train the personnel to teach these languages. The Institute of African and Asian Studies of the University of Khartoum is also complying with a request from the Regional Ministry of Education to help in training some of her personnel. The educational role of those languages, are for the time being, going to be limited as media of instruction to the first and second year of primary schools in the rural areas, and also as media for introducing literacy. The Regional Ministry of Education plans to establish a college for languages, with a Department for local languages, with the aim of training specialists effectively to teach these languages or even use them as media of instruction. Some African languages are also used in broadcasting both from the National Radio in Omdurman and from Radio Juba.[14]

Although much space has been devoted to the African languages of Southern Sudan, this should not be taken to imply any underestimation of the role of the other African languages spoken in the North, East and West of the Sudan. However, these areas do not face major linguistic problems like the South, since Arabic tends to be dominant here. The Institute of African and Asian Studies in its nationwide language survey of the Sudan is paying particular attention to these languages and it will be interesting to see the fruits of that work. The Institute is also at the moment exploring the possibility of introducing Diploma courses in some of the Southern Sudanese languages, such as Dinka and Shilluk in the curriculum in the near future. The Institute has a considerable reputation for its concern with African languages. In fact its courses even include two non-Sudanese African languages, Swahili and Hausa, Hausa being a very wide-spread language in the Sudan. It is also hoped that Amharic will be introduced into the curriculum next year.

Clearly then, the present trend in the Sudan is to encourage African languages in education. As Björn Jernudd has pointed out, a policy of encouraging the use of local languages in education is thought by experienced Sudanese teachers to be favourable to stressing the acquisition of Arabic, the national language.[15] Thus, a multilingual policy is not necessarily the antithesis of a policy favouring the national language. Both may co-exist.

NOTES

[1] Yusif al-Khalifa Abu Bakr, 1963, 'The medium of instruction and lingua franca in the South', in Yisif Badri (ed.) *Education in the Sudan: Proceedings of the 11th Annual Conference of The Philosophical Society of the Sudan*. Khartoum.

[2] Tucker, A.N. and Bryan, M.A., 1956, *Handbook of African Languages*. Part III: *The non-Bantu languages of North-Eastern Africa*, with a supplement by E.O.J. Westphal. Oxford. See also list of Sudanese languages in Bell, H., 1975, 'A data bank for Sudanese languages' in S.H. Hurreiz and H. Bell (eds.) *Directions in Sudanese Linguistics and Folklore*. Khartoum.

[3] The language survey of the Sudan was begun in 1972 by the Institute of African and Asian Studies of the University of Khartoum under its Director Professor Yusif Fadl Hasan. The first phase of the survey was planned and conducted by Dr Björn Jernudd with the assistance of Dr Sayyid Hamid Hurreiz and Sd/Ushari Ahmed Mahmed. After 1973, responsibility for conducting the survey rested especially on Dr Herman Bell, most recently with a great deal of assistance from Dr Yusif al Khalifa Abu Bakr. The survey has been conducted in selected communities in all provinces of the Sudan.

4   For further details, refer to the *Report and Proceedings of the Rejaf Language Conference*, published by the Sudan Government, Khartoum, 1928.

5   The educational role of these languages was restricted to the lower grades of elementary education whereas English was used at the higher levels as well as enjoying the status of official language.

6   From the Report of the Proceedings of the Rejaf Language Conference, 1928.

7   The present authors do not, of course, endorse this criterion as there is no natural human language which lacks adequate power of expression.

8   In its Memorandum No. 1 of 1927, rev. ed. 1930, *Practical Orthography of African Languages*. The Institute's interest in the study of African languages dates back to 1926 when it came into formal being and is substantiated by its constitution.

9   Yusif al-Khalifa Abu Bakr, 1963, *op. cit.*

10   See   Hoekstra's *Dhɔɔdh O Colai O Yesu Kristo* (in Arabic script) (St. Mark, St. John, Acts and parts of Romans) in Murle. See also Yves Le Clézic, 1975, 'Writing Shilluk with an Arabic script' in Hurreiz and Bell, (eds.)

11   The Addis Ababa Accord, as it is known today, is of major significance to the history of the Sudan because it was this conference which brought to an end the 17 year old war between the North and the South of the Sudan.

12   Chapter III article 6 of the agreement stated:
        Arabic shall be the official language of the Sudan and
        English the principal language for Southern Region without
        prejudice to the use of any other language or languages
        which may serve a practical necessity for the efficient
        and expeditious discharge of executive and administrative
        function of the Region.

13   These primers and post-primers are being reprinted by the Publications Bureau of the Regional Ministry of Education, Juba, and some are also being reprinted in Nairobi under the sponsorship of the Norwegian Church Relief.

14   Some of those used are Dinka, Shilluk, Nuer, Zande, Bari. These do not by any means exhaust the list as many more could be used and are in fact being used.

15   Jernudd, B., 1975, 'Teachers and languages in Sudan', in Hurreiz and Bell, *op. cit.*

Résumé

TENDANCES ACTUELLES DANS LE DOMAINE DE LA LANGUE
ET DE L'EDUCATION AU SOUDAN

Le présent rapport examine la politique qui a été adoptée vis à vis de la langue et de l'éducation au Soudan, plus particulièrement au sud, puisque c'est dans cette partie du pays que les questions relatives à la langue sont les plus critiques.

Les trois principaux stades de la politique du Soudan envers la langue sont les suivants:

(1) La période qui a vu l'usage des langues locales dans l'éducation au sud du pays à la suite de la Conférence de Rejaf sur les langues en 1928.

(2) La politique d'arabisation à partir de l'indépendance (1956),

(3) La politique multilingue depuis l'accord d'Addis Abeba en 1972.

Il y a dans cette troisième phase un développement rapide de l'usage des langues locales dans les deux premières années d'éducation primaire, ceci dans les zones rurales du Soudan méridional, tout en restant dans la cadre des autres langues, l'arabe comme langue officielle de la nation toute entière et l'anglais comme langue principale du sud.

PROBLEMATIQUES DU BILINGUISME ET DU PLURILINGUISME AU ZAIRE: HERITAGE COLONIAL ET SITUATION ACTUELLE[1]

WASAMBA LUPUKISA

"Si la plupart des pays du monde ont à légiférer sur les
problèmes de langue, c'est surtout dans les pays bilingues
et multilingues que la question se pose de la façon la plus
cruciale" (Faik, 1976: 1)

Au Zaire, aborder les écueils du bilinguisme et du plurilinguisme sous leur aspect socio-politique, pédagogique ou purement linguistique n'est pas un fait totalement nouveau. Ainsi, la problèmatique d'une langue officielle et celle d'une langue unique de scolarisation, objet de la présente étude, constituent manifestement deux retombées du bi-multilinguisme qui ne cessent d'alimenter la presse, les déclarations officielles ou privées, les conférences, les séminaires scientifiques et divers propos portant sur la situation linguistique du Zaire. Ces thèmes dont les prémisses remontent au XVII° siècle (Delanaye 1955) ont donné lieu à toute une escalade verbale souvent inutile.

Nous voulons présenter de manière rapide (Mudimbe, 1976: 2) un état présent de deux problématiques du bilinguisme et du plurilinguisme au Zaire, cerner les principales tendances et les solution suggérées jusqu'alors. Le but poursuivi ici est donc de fournir aux chercheurs, et parmi eux, à ceux qui peinent en première ligne ou qui, à l'arrière plan, comparent les résultats déjà acquis et combinent les nouvelles enquêtes à entreprendre, un canevas de consultation, une piste de réflexion pour mieux avertir l'opinion politique dans ses efforts de remédier à la dépendance linguistique du Zaire. En clair, cet article s'inscrit bien dans le thême général de la IVe session du Ciaf (Kinshasa du 12 au 16 décembre 1978), thême libellé en ces termes: "La dépendance de l'Afrique et les moyens d'y remédier".

La présente étude se fonde sur des textes écrits, depuis la période coloniale jusqu'à nos jours, tant par des nationaux que par des étrangers, abstraction faite de leurs spécialités scientifiques et de leur rang social. La documentation rassemblée pour l'élaboration de cette étude paraît de prime abord complexe et variée; elle comprend deux séries de documents:

(a)   La première, datant d'avant 1960, comprend des revues parues au Zaïre ou à l'étranger. Ces revues avaient acquis leur célébrité pour avoir publié de nombreuses études variées portant sur l'Afrique en général et sur le Zaïre en particulier. Il s'agit entre autres de *Aequatoria, Africa, Arsb/Bulletin des séances, Band, Cepsi* (aujourd'hui *Cepse*), *Congo, Courrier d'Afrique, Ircb/Bulletin des séances, Lovania, nouvelle Revue, Présence africaine, problème d'Afrique centrale, l'Avenir colonial, Vie et Langage, Zaïre*, etc.

(b) La deuxième série, très récente et portant exclusivement sur le Zaïre, comprend des publications universitaires à orientation définie et des quotidiens de la place. En exemple, on retiendra: *Cahiers économiques et sociaux, Cahiers congolais (Cahiers zaïrois), Cahiers d'études africaines, Congo-Afrique (Zaïre-Afrique), Documents pour l'action, La voix Muntu, Zaïre* (Hebdomadaire de l'Afrique centrale), *Salongo, Elima Mjumbe* (Mwanga), auxquels viennent s'ajouter certains actes des rencontres scientifiques.

Diversité des phénomènes de bilinguisme et de plurilinguisme

Diversement motivés, les contacts des sociétés lointaines ou rapprochées, leur permanence et leur intensification, sont sources en matière linguistique de plusieurs phénomènes dont les plus ponctuels et les plus constants, sont le bilinguisme et le plurilinguisme.

Bilinguisme et plurilinguisme sont là deux concept que la littérature spécialisée utilise dans leurs acceptions à la fois les plus larges et les plus étroites. Nous nous trouvons ici en présence de deux prédicats qui nécessitent, ainsi que le note F. Mackey[2] un essai d'élucidation et de thématisation pour mieux comprendre leurs multiples incidences et en mesurer la teneur.

On définit généralement le bilinguisme comme étant la situation dans laquelle les sujets parlants sont conduits à utiliser alternativement, suivant le contexte communicatif ou l'environnement linguistique, deux langues différentes (Dubois et. al. 1973: 65). Au sens restreint du terme, et surtout par opposition à la diglossie, le bilinguisme serait l'usage parfait de deux langues de même statut socio-culturel, tandis que la diglossie désignerait la cohabitation sociale d'un langage articulé élevé (high speech) et d'un langage articulé bas (low speech). A. Martinet écrit à ce sujet: "L'idée que le bilinguisme implique deux langues de statut identique est si répandue et si bien ancrée, que les linguistes ont proposé le terme "diglossie" pour désigner une situation où une communauté utilise, selon les circonstances, un idiome plus familier et de moindre prestige, ou un autre plus savant et plus recherché" (Martinet, 1961: 149).

Dans leur excellent ouvrage, M. Béziers et M. Van Overbeke présentent une vingtaine de définitions de célèbres linguistes ou pédagogues sur le bilinguisme, les critiquent et les rangent en trois catégories selon le critère de divergence ou de convergence: définitions descriptives, définitions normatives et définitions méthodologiques (1968: 111-8).

(a) Les définitions descriptives relèvent de l'observation des phénomènes du bilinguisme, de ses épiphénomènes du bilinguisme, de ses épiphénomènes et de ses conséquences. M. Béziers et M. Van Overbeke citent huit définitions descriptives proposées respectivement par Abou Selim, par A.-J. Aucamp, W. Léopold, W.-F. Mackey, M. Halliday, A. Martinet, A. Sauvageot, etc. A titre d'exemple nous pouvons considérer la définition de A.-J. Aucamp pour qui "le bilinguisme est une situation dans laquelle deux langues vivantes coexistent dans une même région, chacune d'elles étant parlée par une communauté nationale représentant une proportion assez élevée de la population (p. 113) et celle d'Abou Selim: "Le bilinguisme est la mise en présence de deux langues de telle sorte qu'il en résulte un ensemble d'interférences linguistiques psychologiques, susceptibles de déterminer un conflit de langage et donc de personnalité (p. 112).

(b) Les définitions normatives sont fondées sur le critère de la maîtrise parfaite de deux idiômes en question, c'est-à-dire sur le degré de connaissance et d'assimilation de deux langues en présence; les normes prédominent dans ce genre de définitions. A celles-ci se rattachement les auteurs suivants: E. Blocher, L. Bloomfield, L. Boileau, M. Braun, R.-A. Hall, O. Jespersen et J. Marouzeau. Voici, en exemple, la définition de J. Marouzeau: "Bilinguisme: qualité d'un sujet ou d'un population qui se sert couramment de deux langues, sans aptitude marquée pour l'une plutôt que pour l'autre (p. 118).

(c) Les définition méthodologiques, quant à elles, sont des descriptions "résultant de la considération que les faits du bilinguisme sont trop variés et trop divers pour qu'on puisse trouver un dénominateur commun pour tous, mais qu'on a un besoin urgent d'une définition pratique, fût-elle restreinte ou incomplète, qui permette de dénommer les phénomènes bilingues sur lesquels on travaille". En d'autres termes, on refuse de donner une définition globale pour des phénomènes si variés et si diversifiés de bilinguisme. Les quatre définitions méthodologiques signalées par M. Béziers et M. Van Overbeke appartiennent à U. Weinreich, à E. Haugen, à R. Arsenian et à L. Grootaers. Il convient de noter que les définitions de R. Arsenian et de L. Grootaers sont des essais de classification. A titre purement illustratif, nous pouvons citer la définition d'U. Weinriech selon laquelle "le bilinguisme est l'usage alternatif de deux langues différentes; cet usage suppose autant la production que la réception (p. 120)

Le tour d'horizon de différentes définitions proposées par d'éminents linguistes prouve à suffisance que le bilinguisme présente de grands problèmes de définition et de description. On ne peut pas définir - une fois pour toutes - d'une manière exacte et satisfaisante ce concept. Le bilinguisme doit être considéré comme un concept non pas absolu, mais relatif; l'essentiel serait de limiter la compréhension du terme et de l'adapter à sa recherche.

Dans la présente étude, on entendra par "bilinguisme" l'emploi concomitant ou successif, nécessaire ou facultatif - abstraction faite du degré de connaissance et d'assimilation - de deux structures linguistiques pour une communication efficace entre individus appartenant à des groupes linguistiques différents. C'est le fait de disposer d'un "registre linguistique" (Bal, 1975: 15) constitué par deux langues. Avec M. Béziers et M. Van Overbeke (p. 133), nous considérons le bilinguisme comme étant un "double moyen nécessaire ou facultatif de communication efficace entre deux ou plusieurs "mondes" différents à l'aide de deux systèmes linguistiques". Par ailleurs, nous considérons le bilinguisme dans un contexte exclusivement social, c'est-à-dire en tant que phénomène affectant partiellement ou totalement un groupe.

Dans la définition que nous venons d'ébaucher ci-haut, nous excluons le critère de maîtrise parfaite de variétés linguistiques (deux) en présence parce que ce critère s'avère le plus souvent aléatoire et/ou controversé. En fait, comme le souligne judicieusement. A. Martinet (1961: 172-3), ce critère n'a guère de sens: même dans les communautés unilingues, le monolingue ne parle pas à la perfection, mais à la satisfaction de tout le monde. Certains unilingues emploient des formes considérées généralement comme incorrectes ou rébarbatives. On ne peut donc pas exiger des bilingues une connaissance parfaite de deux langues en coexistence. L'emploi concomitant ou successif de langues suppose la phase passive (la réception) et la phase active (la production); la forme orale et la forme écrite. Notre définition tient compte aussi du point de vue géographie.

Quant au plurilinguisme, nous le définirons comme étant, soit la coexistence géographique de trois ou plusieurs langues, soit l'usage concomitant ou successif de trois ou plusieurs parlers par les membres d'une ou de différentes communautés linguistiques données pour les différents besoins expressifs.

Le plurilinguisme n'est considéré ici qu'en tant que réalité effectant une ou plusieurs entités sociales. Toutes les remarques ou réserves que nous avons évoquées au sujet du bilinguisme valent aussi en ce qui concerne le plurilinguisme.

Tels qu'envisagés précédemment, bilinguisme et plurilinguisme sont des situations linguistiques qu'on rencontre aisément en milieu zaïrois et qu'on observe au sein de toutes les couches sociales de ce pays. Ils se présentent, suivant les critères de classification ou de description qu'on adopte, comme un éventail des phénomènes variés, diversifiés et difficiles à cerner de manière satisfaisante, d'autant plus qu'ils présentent d'innombrables variations et de frontières aussi instables qu'enchevêtrées. Ces deux réalités linguistiques trouvent leur fondement dans certaines contingences historico-géographiques. Il faut souligner que ces situations existent à la fois au niveau de la stratification linguistique et au niveau des groupes sociaux locuteurs.

En effet, le Zaïre, ce Capharnaüm ethnique, se double nécessairement, sur le plan géo-linguistique, d'une forte hétérogénéité linguistique qui se traduit le plus souvent par des cas de bilinguisme ou de plurilinguisme. La République du Zaïre renferme en son sein un riche éventail d'entités culturelles et ethniques dominées par une multiplicité de langues locales (tribales, ethniques, ou encore dialectes...) que M. Guthrie a réparties en sept zones linguistiques, et qui correspondent à des aires géographiques fort restreintes. Ces variétés linguistiques servent uniquement dans les relations infra-ethniques (familiales, claniques...). Certaines d'entre elles se sont néanmoins étendues à certaines zones ou collectivités, au point qu'elles sont employées dans les communications interethniques. C'est le cas par exemple du Lomongo, du Nzande, du Mangbetu.

A cette multitude de langues locales, bantoues et non bantoues, viennent s'ajouter les quatre langues principales du Zaïre, appelées souvent, et cela de manière abusive "langues nationales (officielles)"[3]. Il s'agit du ciluba, du kikongo, du lingala et du swahili, toutes quatre étant des langues bantoues. Comparativement aux langues locales, ces quatre langues interrégionales constituent de véritables foyers linguistiques très dominants tant par leur extension géographique que par le nombre de personnes qui les utilisent comme seconde langue. La majorité de ces langues remontent au XIXe siècle. En effet, sous l'impulsion des facteurs linguistiques et paralinguistiques (les divers échanges commerciaux entre les ethnies zaïroises elles-mêmes ou entre les Zaïrois et les étrangers africains ou européens..., l'administration coloniale, l'urbanisation, l'industrialisation, la scolarisation et l'évangélisation...), ces codes socio-linguistiques ont émergé et se sont répandus sur de grandes aires géographiques, se superposant aux autres langues natives zaïroises. Dès cette époque, les quatre langues interrégionales assument toutes les fonctions à l'échelon local, régional, national et parfois même international.

De par la colonisation survenue au début du XXe siècle, la configuration linguistique du Zaïre s'est aggravée et complexifiée par la présence des langues de colonisation.

Dans le cadre de la linguistique historique, on admet depuis F. de Saussure, entre autres, que, livrée à elle-même, la langue est vouée à un fractionnement indéfini; elle se plie aux exigences du dynamisme dialectique qui pousse tout parler à évoluer vers une situation hétérogène ou homogène. En observant de plus près les langues zaïroises, surtout les langues interrégionales, il apparaît qu'elles se sont diversifiées et ramifiées en plusieurs variantes linguistiques, à telle enseigne qu'on parle, du swahili de Bukavu, de celui de Kalemie ou encore du swahili de Lubumbashi; du lingala de Kinshasa, de celui de l'Equateur, du lingala des militaires et de celui des Bills (Ngembo). Ces langues se sont particularisées en fonction des contingences spatio-temporelles et des groupes de locuteurs. Il n'y a pas eu que les langues zaïroises qui se soient pliées au dynamisme dialectique dans leur évolution. Même les langues étrangères implantées en ce pays ont connu ces phénomènes de créolisation, de pidginisation ou de dialectalisation. Ainsi pour le français, on peut relever, à la suite de V.-Y. Mudimbe (1968: 2), qu'il y a deux types de français au Zaïre: le français scolaire, plus traditionaliste, ayant ses structures, un vocabulaire plus ou moins déterminé et ses propres locutions, et le français populaire. Ces divers phénomènes de dialectalisation ont complexifié davantage et rendu confuses les situations bi- et multilingues courantes au Zaïre.

Pour résumer la situation linguistique zaïroise au niveau de la stratigraphie linguistique, nous distinguons trois principales couches linguistiques disposées sous forme de strates:

(a) la couche primaire ou le substrat, qui comprend les langues locales;

(b) la couche secondaire ou l'adstrat, constituée par les quatre langues interrégionales, à savoir le ciluba, le kikongo, le lingala et le swahili;

(c) la couche tertiaire ou le superstrat, qui est celle des langues étrangères, singulièrement le français.

Considérées dans une perspective socio-culturelle, ces couche se transforment en une triglossie européano-zaïroise dans laquelle les langues se situent en rapports diglossiques. En d'autres termes, nous avons une répartition tripartite des langues en présence: au sommet de la pyramide se trouvent les langues européennes, dont le français, qui sont perçues comme des codes sociolinguistiques perfectionnés et supérieurs à toutes les langues zaïroises. Viennent ensuite, en une position mitoyenne singulière, les quatre langues interrégionales. Codes socio-linguistiques restreints par rapport aux langues européennes, ces quatre langues sont des variétés linguistiques plus prestigieuses et plus élaborées que les langues locales. Enfin, au bas de l'échelle se trouvent la multitude de langues locales qui passent pour des codes déficitaires absolus et trop inférieurs.

Tel est, grosso modo, le contexte linguistique du Zaïre sur le plan géolinguistique. Comme nous l'avons noté dans les pages précédentes, le Zaïre est hautement bi- et plurilingue, non seulement au point de vue géolinguistique, mais aussi et surtout au niveau des locuteurs c'est-à-dire dans le sens où la plupart des Zaïrois, quelle que soit la place qu'ils occupent dans la pyramide sociale et quel que soit le milieu géographique habité, sont bilingues ou multilingues: ils peuvent alterner l'usage de l'une ou autre langue qui constituent leurs registres linguistiques respectifs. En effet, diverses communautés linguistiques vivent en contact permanent, et sont, ipso facto, bi- plurilingues. Leurs membres emploient deux ou plusieurs langues, dont la première est la langue maternelle chronologiquement antérieure. Des études générales ou particulières portant sur la situation linguistique du Zaïre ou sur le comportement verbal des Zaïrois[4] témoignent de l'existence et de la pratique du bi- et du plurilinguisme au sein de différentes couches sociales ou institutions zaïroises. Les populations étudiées ou enquêtées attestent la pratique du bilinguisme, du trilinguisme, ou quadrilinguisme, etc. Ces situations linguistiques vont en se complexifiant davantage.

Problématiques du bilinguisme et du plurilinguisme

Telle qu'elle est décrite, la configuration linguistique zaïroise, actualisée généralement par des cas de bi- et plurilinguisme, entraîne de nombreuses incidences dans les différents secteurs de la vie nationale. Elle pose de sérieux problèmes aux usagers de différentes langues en présence, qui se voient obligés d'utiliser dans une partie de leur communication un parler qui n'est pas accepté à l'extérieur, et, dans une autre partie, un autre code socio-linguistique plus apprécié ou officiellement accepté. Elle est à la base de plusieurs problématiques. Ces problématiques sont de deux ordres fondamentaux: celui des politiques linguistiques et celui des recherches à entreprendre.

Les problématiques du premier ordre, l'ordre de la planification linguistique, sont, de l'avis de tout le monde, les plus essentielles et surtout les plus complexes à résoudre, d'autant plus qu'elles interfèrent avec plusieurs domaines: religieux, socio-politique, culturel, économique, psycho-pédagogique et scientifique. Au Zaïre, trois problématiques relatives à l'aménagement linguistique ont fait l'objet de nombreux pourparlers et de diverses études. Il s'agit de:

a) la problématique d'une langue commune d'évangélisation;
b) la problématique d'une langue unique de scolarisation;
c) la problématique d'une langue officielle (nationale).

La ramification des langues en présence en présence au Zaïre, singulièrement des langues natives zaïroises, en diverses variantes linguistiques a compliqué et complique davantage ces trois points. On ne sait pas très bien laquelle de ces variantes dialectales choisir pour les relations religieuses, scolaires et administratives (politiques).

Leur historique

Les prémisses de ces problématiques, pour nous reprendre, remontent à un passé lointain. En glanant dans les documents constituant le corpus de la présente étude, nous constatons que le désir d'aménager linguistiquement ce pays était déjà manifeste chez les missionnaires du XVIIe siècle (cf. Delanaye 1955: 91-5); qui recherchaient une langue commune d'évangélisation. Peu après, s'est développé et transformé le problème du choix d'une langue unique d'enseignement, avant d'arriver à celui du choix d'une langue officielle, lors de la colonisation effective de l'ex-Congo Belge. Il convient de remarquer que les problématiques de la langue de scolarisation et de la langue nationale (officielle) se sont posées de manière concrète et cruciale à partir de 1908, année au cours de laquelle des débats houleux opposèrent au sein du Parlement belge les promoteurs de la francisation (francophonisation) et les tenants de la flamandisation (flamaphonisation) du Congo belge[5]. En outre, l'examen minutieux de notre documentation nous révèle que, dès 1908, la plupart de ceux qui ont essayé de traiter de la planification linguistique du Zaïre ont souvent assimilé ou tendu à assimiler la problématique de la langue de scolarisation à celle de la langue officielle, deux domaines qui ne se recouvrent pas nécessairement. C'est ce fait qui explique la forte analogie constatée dans les arguments et les solutions se rapportant à ces deux questions.

Tendances Nouvelles

Sur le plan religieux, l'unification linguistique de ce pays n'a entraîné aucune escalade verbale passionée. Pour la résoudre, les missionnaires ont mis à profit cette richesse qu'est le plurilinguisme: ils ont recouru spontanément aux langues véhiculaires courantes dans les zones de leur apostolat. Cependant, sur le plan politico-pédagogique, la planification linguistique a suscité beaucoup de pourparlers. Les choix d'une langue officielle et celui d'une langue de scolarisation ont entraîné beaucoup de réactions et de prises de position en sens divers et parfois contradictoires. Chaque fois qu'on les a soulevés, la situation devenait aussitôt analogue à celle d'une élection du président de la République, où chaque parti tente par tous les moyens de faire triompher son candidat. Les débats, commencés dans un esprit impartial, finissent par devenir acerbes ou par se transformer en panégyriques de différentes langues, vantant leur mérites philologiques ou littéraires, leur extension géographique, leur importance socio-politique ou commerciale.

Tous les tenants du choix d'une langue nationale et ceux du choix d'un outil linguistique véhicule de l'enseignement, et les discussions ayant trait à ces questions, qu'elles soient informelles ou serrées, peuvent se ramener à quatre tendances principales comprenant des positions intermédiaires et impliquant de nouvelles problématiques:

    (i)   la tendance techniciste;
    (ii) la tendance zaïrianiste;
    (iii) la tendance prospective;
    (iv) la tendance attentiste[5].

(i) *La tendance techniciste*

La tendance techniciste, appelée aussi "européaniste" ou encore "le pragmatisme complet"(Lupukisa 1975-6: 150), se prononce en faveur des langues de colonisation, en ce cas, le français et le néerlandais.

Suivant une perspective historique, la tendance techniciste a eu beaucoup de partisans, surtout dans la période coloniale. Dans la période postérieure à l'Indépendance, particulièrement depuis le nouveau régime (cf. Le recours à l'authencité comme antithèse au colonialisme culturel), cette tendance n'est - explicitement - que peu soutenue.

Dans la thèse techniciste, le français a eu plus de promoteurs que le néerlandais. Le nombre de défenseurs du français avait énormément augmenté, surtout entre les années 1952-1960 à la suite aussi de l'échec de l'unification des idiômes zaïrois en un seul idiôme et à la suite de multiples tentatives de flamandiser (néerlandiser) l'ex-Congo belge. En présence du nombre élevé des partisans du français, le néerlandais a eu aussi des défenseurs. Parmi les technicistes, certains colonisateurs d'expression néerlandaise, frustrés dans leur amour propre du fait que leur langue ne jouissait (de facto et non de jure) d'aucun statut privilégié au Zaïre - alors que le français passait pour le parler directeur - ont exigé le choix du néerlandais à la fois comme langue officielle et comme médium de scolarisation. Les protagonistes de la flamandisation de l'ex-Congo belge semblaient fort intransigeants. Pour eux, trois solutions (van Bilsen 1950:61) étaient possibles:

(a) soit hisser le néerlandais au rang de langue nationale et de scolarisation, c'est-à-dire recourir au bilinguisme français/néerlandais;

(b) soit partager le pays en deux zones linguistiques: la zone d'expression française et la zone d'expression néerlandaise;

(c) soit enfin, alternative fort peu soutenue, déclarer l'usage facultatif du néerlandais.

Suivant les témoignages de S. Faïk (1974: 5) et de Van Reeth (1956: 480-95), la question flamande remonte de façon systématique à l'année 1908. Jusqu'à l'entredeux guerres, ce problème semblait être résolu, car des décrets réglementant l'emploi du français et du néerlandais furent promulgués dès 1897 jusqu'en 1908. La question flamande s'est posée avec acuité après la deuxième Guerre mondiale par suite de l'arrivée massive des Flamands et du fait aussi que le néerlandais était de facto écarté de tout secteur public.

La proposition de faire du néerlandais un second outil de colonisation avait entraîné de fortes oppositions parfois extrémistes, de quelques Belges tels que Beernaert, Gelders, et surtout des "évolués" congolais dont Diomi, Kimba, Bolamba, Lundula et Mobutu (l'actuel président du Zaïre)... L'opinion zaïroise, en particulier, fut farouchement opposée aux choix du bilinguisme franco-néerlandais, mais favorable au français. Depuis 1960, la tendance pro-néerlandais a perdu toute son actualité, laissant place à la dualité français/langues zaïroises.

(ii) *La tendance zaïrianiste*

Dénommée aussi "intégrationiste, indigéniste ou nationaliste", la tendance zaïrianiste est une tendance diamétralement opposée à la tendance techniciste. Elle préconise le recours absolu aux langues zaïroises d'origine.

Suivant une perspective diachronique, la tendance zaïrianiste n'est pas née comme on peut le croire aux heures de la décolonisation politique de ce pays; elle était consignée dès le XVIIe siècle dans les instructions de la Sacrée congrégation de la propagation de la foi (Delanaye, 1955) et dans les nombreuses déclarations gouvernementales ou religieuses qui se sont succédées durant l'époque coloniale (Lupukisa, 1975-6). Longtemps étouffée surtout par les technicistes, elle a éclaté aux premiers moments de l'indépendance politique du pays, pour atteindre son paroxysme au moment de la politique du recours à l'authenticité.

Dans la période coloniale, la tendance intégrationiste était soutenue en grande partie par des missionnaires. Après l'indépendance, cette position a comme défenseurs surtout des Zaïrois laïcs, dont le chef de file est K. Mateene.

Nous distinguons trois types de solutions suggérées dans la position zaïrianiste:

(a) certains zaïrianistes proposent le choix de quatre langues interrégionales, à savoir:

   le ciluba;   le lingala;
   le kikongo;   le swahili.

(b) d'autres proposent le recours à une langue zaïroise unifiée sur la base des langues locales.

(c) d'autres encore, réfutant les deux solutions précédentes, optent pour le fédéralisme linguistique.

(iii) *La tendance prospective*

Elle prône le bilinguisme français/langues zaïroises. Elle propose de recourir à l'usage concomitant ou succesif du français et d'une ou quelques langues du pays.

(iv) *La tendance attentiste ou passive*

Les partisans de cette tendance consacrent le statu quo. Ils se contentent d'analyser la complexité des problématiques résultant du bi- et plurilinguisme, les avantages et les inconvénients des solutions suggérées respectivement par les technicistes, les zaïrianistes et les prospectivistes. Mais ils ne proposent aucune solution concrète. Devant l'embarras du choix, les attentistes optent pour la "politique du laisser-faire ou encore du laisser mûrir le problème".

La tendance attentiste a plus de tenants que les autres tendances étudiées jusqu'ici. Cependant des tenants n'optent ni pour une langue interrégionale, ni pour une langue locale unifiée, ni enfin pour le fédéralisme linguistique. Ces auteurs consacrent donc le statu quo.

Dans leurs diverses interventions, promoteurs et adversaires des tendances que nous venons d'esquisser de manière rapide tablent sur des motivations linguistiques et paralinguistiques fort variées. L'arsenal des arguments avancés en faveur d'une langue nationale diffère, en certains points, de l'argumentation pour une langue d'enseignement. En effet, dans la problématique d'une langue unique de scolarisation, un élément nouveau intervient dans l'argumentation des tenants des tendances susmentionnées: c'est l'aspect psychopédagogique des implications du bi- et plurilinguisme. En fait, à l'appui de leurs thèses respectives, protagonistes et antagonistes de l'usage scolaire - usage précoce surtout - des langues en présence invoquent le caractère privilégié ou l'aspect menaçant du bilinguisme organique[6] européano-zaïrois et/ou du bilinguisme zaïrois (dont les deux termes sont des langues du Zaïre). Ces auteurs - en grande majorité - tentent de déterminer si ou non, le bilinguisme est préjudiciable à l'équilibre psychologique des écoliers, à l'intégrité de leur langue maternelle, à l'éclosion de leur moyens intellectuels, et même à leur éducation morale ou religieuse.

Conclusion

Bilinguisme et plurilinguisme constituent de manière probante la spécificité criante de la configuration linguistique du Zaïre. Ces phénomènes linguistiques engendrent plusieurs problématiques, dont les plus fondamentales et les plus débattues sont celles ayant trait à l'aménagement linguistique. Les origines de ces problèmes remontent au XVIIe siècle et ont été maintes fois soulevées. Les discussions demeurent passionnées et orageuses. Des tendances nettement tranchées se sont déjà dessinées. Mais ces questions, bien que mûres, demeurent au niveau de simples souhaits.

Néanmoins, à l'heure actuelle, deux grandes orientations semblent se dessiner. Un courant désirant réduire l'irritante diversité linguistique de ce pays et lutter contre ses multiples implications. Pour les technicistes et zaïrianistes partisans du monolinguisme, la réduction est totale, puisqu'on vise à aboutir à l'unité linguistique; pour les prospectivistes et les fédéralistes, la réduction n'est que partielle puisqu'ils proposent deux ou quatre langues. Un courant tendant, devant ce nationalisme linguistique, à faire passer les langues anciennement coloniales au second plan.

NOTES

[1] Cet article a déjà été publié précédemment dans *Recherche Pédagogique et Culture* sept-oct. 1978 et est une version révisée de la conference donnée à Kinshasa.

[2] F. Mackey, cité par Titone (1972: 19).

[3] A notre connaissance, il n'y a pas de statut juridique qui aurait hissé ces langues au rang de langues officielles, comme le français, actuelle langue officielle du Zaïre.

[4] Voir Agomatanakahn et Leboul (1974: 19 et 1975), Leblanc (1955), Bal (1967), Mbulamoko (1973), Tran Hong Cam et Leboul (1976: 190) Lupukisa (1975-6: 356), Kavungi (1977), Chimbamb (1977).

[5] Voir van Reeth (1956: 481-2)

[6] Nous empruntons les expressions "techniciste, prospective, attentisme" à M. Houis, tout en leur donnant un contenu parfois différent de celui de l'auteur (cf. Houis, 1973: 8-11).

[7] Par bilinguisme organique, on entend un bilinguisme acquis lorsque la langue maternelle est déjà suffisamment incrustée (cf Béziers et van Overbeke, 1968: 74-80). Dans le cas du Zaïre, la plupart des jeunes écoliers, sauf exception rarissime, se présentent à l'école munis de leur langue maternelle; le français ne s'acquiert qu'après quelques années de scolarité. De ce fait, le bilinguisme franco-Zaïrois est un bilinguisme organique.

REFERENCES

Agomatanakahn R. et Leboul M. 1974 'Une enquête sur le bilinguisme scolaire', communication au Premier séminaire national des linguistes du Zaïre Lubumbashi, 22-26 mai.
—— 1975 'Les premiers résultats d'une enquête sur le bilinguisme scolaire au Zaïre', *Linguistique et sciences humaine, Bulletin du Celta.* 16: 1-31.
Bal, W. 1967 'Le français en Afrique noire', *Vie et Langage.* 180: 122-8.
—— 1975 *Brève introduction à la socio-Linguistique.* Coimbra.
Béziers, M. et van Overbeke, M. 1968 *Le bilinguisme. Essai de définition et guide bibliographique.* Louvain.
Chimbamb, L. 1977 *Classe sociales et comportement linguistique en milieu plurilingue. Les travailleurs de la Gécamines à Lubumbashi.* Lubumbashi.
Delanaye, P. 1955 'Position des missions congolaises', *Aequatoria* XVIIIe année, 3.
Dubois, J. et alii. 1973 *Dictionnaire de linguistique.* Paris.
Faïk, S. 1974 'Le français au Zaïre, aperçu historique', communication au Premier séminaire national des linguistes du Zaïre. Lubumbashi, 22-26 mai.
—— 1976 'Est-il possible de mesurer les chances d'une politique linguistique en pays multilingue?', communication au séminaire international sur *Langues et Education en Afrique* Kinshasa. 13-15 décembre.
Houis, M. 1973 'La francophonie africaine. En quoi est-elle spécifique?', *Le français dans le monde,* 95.
Kavungi, M. 1977 *Etude d'un comportement linguistique en milieu plurilingue. Le travailleurs Ndembo de Lubumbashi.* Lubumbashi.
Leblanc, M. 1955 'Evolution linguistique et relations humaines', *Zaïre,* 8: 787-99.
Lupukisa, W. 1975-6 *Bilinguisme et plurilinguisme au Zaïre. Problèmes socio-politiques et problèmes linguistiques "Status quaestonis",* Lubumbashi. [mémoire polycopié].
Martinet, A. 1961 *Eléments de linguistique générale.* 2e édit. Paris.
Mbulamoko, N.M. 1973 'Plurilinguisme et enseignement des langues au Zaïre' *Revue de pédagogie appliquée.* 2:101-17.
Mudimbe, V.Y. 1968 'Autour d'une langue congolaise', *Synthèses,* numéro spécial, mai.
—— 1976 Allocution de clôture du colloque interafricain sur les langues et la culture africaine. Lubumbashi, 4-6 novembre.
Titone, R. 1972 *Le bilinguisme précoce.* Bruxelles.
Tran Hong Cam et Leboul, M. 1976 *Une enquête sur le plurilinguisme au Zaïre.* Lubumbashi.
van Bilsen, J. 1950 'Au Congo, la question linguistique.' *La Revue nouvelle,* 1.
van Reeth, Z.E.P. 1956 'Kongo, Rijksgebriedook voor Vlaanderen' *Band,* 10-11: 480-95.

Summary

PROBLEMS OF BILINGUALISM AND PLURILINGUALISM IN ZAIRE:
COLONIAL HERITAGE AND TODAY

The author discusses firstly the problems of defining "bilingualism" and the many ways in which it has been defined in the past. He then examines the question of plurilingualism within the Zairean context. The history of language policy within Zaire is examined, beginning with the choice of language made by missionaries in the 17th century. Today the arguments in favour of different approaches to language and education are promoted by different groups and interests. Each is considered in turn.

DES LANGUES AFRICAINES COMME VEHICULES DE L'ENSEIGNEMENT D'AUTRES LANGUES AFRICAINES

KAHOMBO MATEENE

I. PERSPECTIVE HISTORIQUE DE LA PLACE PEU IMPORTANTE QU'OCCUPENT JUSQU'AUJOURD'HUI LES LANGUES AFRICAINES DANS NOS SYSTEMES EDUCATIFS

Les linguistes africanistes n'ont pas encore réussi à faire employer des langues africaines comme véhicules des matières enseignées dans les écoles africaines. La raison de cela est que la décision de faire d'une langue un médium d'instruction ou même une simple matière à enseigner est du ressort exclusif des autorités politiques dans nos pays, où l'organisation de tout le système scolaire relève de l'Etat. Avant l'indépendance, dans certains pays où fonctionnaient des écoles privées, on a observé l'emploi de langues africaines pour enseigner certaines matières, notamment les religions. Dans beaucoup des colonies, excepté les colonies françaises et portugaises, l'enseignement primaire se faisait en langue africaine, y compris l'apprentissage de la langue du colonisateur. Cependant les coloniaux ont par ici par là instauré un système qui consistait à faire apprendre directement leur langue aux élèves du niveau primaire sans utiliser la langue africaine véhicule des autres matières enseignées à ce niveau.

Cette méthode directe d'apprentissage d'une langue étrangère fut appliquée au Zaïre quelques années avant que ce pays ne soit indépendant en 1960 et y était encore en viguer jusqu'à il y a à peine deux ans (1974). On peut dire que dans un pays comme le Zaïre des langues africaines ont servi pendant un temps comme langue d'apprentissage du français. Dans les pays qui étaient colonies britanniques, on observe que les langues africaines ont non seulement servi de langue d'apprentissage de l'anglais au niveau primaire, mais remplissent encore aujourd'hui cette fonction.

Depuis l'introduction des systèmes scolaires européens en Afrique jusqu'aujourd'hui en 1976, on peut décrire comme suit la place qu'ont occupé ou occupent encore les langues africaines dans l'enseignement par rapport aux langues étrangères coloniales.

(1) *Comme matières d'enseignement*, les langues africaines ont été au programme des écoles primaires dans les colonies britanniques et belges. Elles le sont de plus en plus de nos jours au programme de la plupart des universités africaines et même des universités étrangères. Mais l'enseignement des langues africaines dans les universités est plus souvent académique et théorique; l'apprentissage de quelques langues africaines dans le but de

les pratiquer pour communiquer est très rare dans les universités africaines, mais plus développé dans des universités non africaines. Les langues africaines ne semblent pas avoir été enseignées dans les écoles de niveau secondaire à l'époque coloniale et ne sont pas encore objet d'enseignement dans les écoles secondaires de la grande majorité des pays africaines indépendants.

(2) *Comme moyens d'instruction*, les langues africaines ont été véhicules de l'enseignement primaire seulement dans les colonies britanniques et belges.

(3) *Dans les colonies françaises et portugaises* les langues africaines n'ont été employées ni comme matière ni comme moyens d'instruction à aucun niveau de l'enseignement. Des organismes privés les ont parfois employées pour l'instruction religieuse.

(4) *Les langues étrangères coloniales* ont été et sont encore aujourd'hui employées à la fois comme matières et comme moyens d'instruction au niveau secondaire et supérieur de l'enseignement partout.

En conclusion de la description qui précède, nous remarquons que des langues africaines n'ont jusqu'ici été employées pour apprendre ou enseigner d'autres langues africaines. Je voudrais que tout mon exposé soit compris comme une proposition qui invite tous les africains concernés par les problèmes des langues et d'éducation à employer dès maintenant des langues africaines pour l'apprentissage d'autres langues africaines.

Mais quand nous envisageons les relations entre les langues africaines et l'éducation, nous ne devons pas perdre de vue certaines raisons très importantes qui ne sont pas celles qu'évoquent les psycho-pédagogues. Nous voulons premièrement atteindre une certaine unité linguistique entre les africains, en dehors de l'unité linguistique superficielle qui existe entre les minorités occidentalisées que sont les élites actuelles. Parallèlement nous voulons que les langues africaines se développent pour exprimer adéquatement les réalités du monde moderne.

II. L'UNITE LINGUISTIQUE ET LA METHODE DE SA REALISATION

1. *Stratification pyramidale de l'emploi des langues africaines*

C'est une constatation que non seulement le continent africain, mais aussi la quasi totalité de tous les Etats africains contient une multitude de langues qu'on utilise trop souvent comme argument pour s'opposer à tout idée de renversement des politiques linguistiques héritées de la colonisation. Mais si la multitude des langues africaines dans presque chaque pays est un fait incontesté, il faut aussi affirmer qu'au point de vue usage, ces langues forment une pyramide dont la base est composée de diverses langues employées chacune par une minorité ethniquement homogène et géographiquement délimité, tandis que vers le sommet de la pyramide on trouve des langues parlées par des gens d'origines ethniques plus hétérogènes et géographiquement plus étendus et plus dispersés.

On peut appeler les langues de la base de la pyramide des langues tribales ou de première catégorie. On a par exemple comme langue de cette catégorie, le kisongye, le kilega au Zaïre; l'acholi, le runyankore en Ouganda...

Au milieu de la pyramide il y a certaines langues qui venant de la base sont parvenues a s'étendre au-delà de leurs limites tribales et géographiques d'origine, et ont été adoptées comme deuxième langue de communication par un nombre important de personnes de langues maternelles et tribales différentes. La diffusion de ces langues de deuxième catégorie au-delà de leurs limites géographiques originelles ou leur adoption par des gens d'autres ethnies est souvent favorisée par deux facteurs: premièrement, leur choix ou leur imposition (souvent arbitraire) comme moyen d'instruction dans des régions autres que là où elles sont pratiquées comme langues natales tribales; et, deuxièmement, le fait que sur leurs territoires respectifs se trouve un grand centre urbain dont une des caractéristiques est d'attirer les gens de toutes provenances, qui, étant exposés à l'usage permanent de la langue locale parviennent bon gré malgré à adopter celle-ci comme deuxième langue. Comme exemple de langues de cette deuxième catégorie on a: le ciluba et le kikongo au Zaïre; le luganda en Ouganda; le duala au Cameroun, l'amharique en Ethiopie et le wolof au Sénégal.

Une troisième catégorie désigne les langues qui sont un peu plus vers le sommet de la pyramide (le sommet lui-même qui n'est pas encore occupé par une langue reste un objectif à atteindre). Une langue appartenant à cette catégorie est une dont la diffusion couvre presque tout un pays et a très souvent même débordé les frontières nationales. Quel que soit le centre de rayonnement d'une telle langue, on trouve un peu partout dans le pays des gens qui la pratiquent comme 2e ou 3e langue. C'est une langue de plus grande diffusion et de communication plus étendue, parce qu'elle brise les barrières tribales et régionales. Comme exemple on a le kiswahili en Afrique orientale, le hausa en Afrique occidentale, le lingala au Zaïre et au Congo, etc... Ainsi il apparaît clairement que malgré la diversité et la multitude des langues africaines aussi bien au niveau continental qu'au niveau national, la superimposition d'une 2e ou 3e langues pratiquée en commun par plusieurs ethnies ayant leurs propres langues maternelles différentes est un facteur d'unification linguistique nationale et interafricaine qu'il faut exploiter pour tendre de plus en plus vers une langue qui occupera un jour le sommet de la pyramide.

2. *Comment déterminer la langue qui a la plus de chance de faire réaliser l'unité nationale*

Pour commencer il faut mener des enquêtes afin de déterminer dans un pays donné la langue de 3e catégorie qui a le plus grand nombre de locuteurs natifs et non natifs et la diffusion géographique la plus étendue. Dans un pays multilingue, la langue qui a le plus grand nombre de locuteurs, dispersés un peu partout, doit être considérée comme ayant un plus grand avantage sur les autres, cet avantage étant qu'elle a très souvent plus de prestige, et ceci favorise ou facilite son apprentissage. D'après Emeka Okonkwo, une possibilité de mesurer le "prestige" est le degré de popularité d'une langue d'après le nombre de locuteurs non natifs qui choisissent d'apprendre cette langue. Quant à l'acceptabilité de la langue choisie comme langue nationale par les locuteurs natifs des autres langues d'un pays, on devrait employer au maximum tous les moyens d'information disponibles pour diffuser les études déjà faites ou qui doivent encore être faites prouvant aux populations qui se sentiraient lésées que la langue choisie comme nationale est semblable sinon apparentée à leurs langues maternelles. Ceci est vrai dans la plupart des pays où des simples variétés dialectales se sont vues érigées en langues différentes par des séparatistes.

On constate que les langues qui ont du prestige comme le kiswahili, le bambara, le hausa, le lingala se sont élevées à ce niveau sans le concours de l'éducation organisée qui est un moyen moderne très puissant pour la diffusion d'une langue. Les grandes langues africaines actuelles ne doivent pas leur diffusion aux écoles. Au contraire, c'est sur les marchés publics, dans les rues des quartiers populaires et dans les foyers qu'on continue à les apprendre aujourd'hui. Et malgré le fait qu'elles restent, à l'exception du kiswahili et du hausa, bannies encore aujourd'hui de l'école, ces langues ne cessent d'enregistrer un nombre de plus en plus croissant de nouveaux locuteurs. Sachant que l'école est un moyen très puissant de diffusion des connaissances, nous voudrions dans le cadre du thème central de ce séminaire proposer que nos systèmes d'éducation scolaire soient imprégnés des langues africaines de la dernière catégorie mentionnée. L'éducation ne doit pas se fixer comme unique objectif de fournir des connaissances à des individus isolés, mais doit aussi servir d'instrument d'union entre les citoyens d'un même pays ou entre les nationaux de pays différents. Dans le domaine des langues africaines qui nous préoccupe ici, l'éducation doit servir dans un premier temps à donner aux citoyens d'un même pays la connaissance et la pratique d'une même langue nationale; et dans un deuxième temps, à donner aux nationaux de pays différents la connaissance et la possibilité d'usage de même langues interafricaines.

3. *L'apprentissage d'une langue africaine à travers une autre langue africaine: les manuels bilingues*

La méthode que je suggère de suivre pour la composition des manuels d'apprentissage des langues africaines est une méthode que j'ai moi-même inaugurée par la publication d'un manuel *kiswahili-lingala*. Le succès que connaît ce livre montre que les livres de ce genre sont fort attendus par le public africain. Des milliers d'exemplaires de ce livre ont été déjà achetés dans les trois pays de la communauté Est africaine dans le but de connaître le lingala. Inversement, des milliers d'autres exemplaires ont été achetés au Zaïre dans le but d'apprendre le kiswahili. La méthode dont il s'agit consiste tout simplement à composer un manuel d'apprentissage d'une langue africaine (L2) en se servant d'une autre langue africaine (L1). L1 est la langue connue qui sert de medium d'instruction de L2 qui n'est pas encore connue. Un des avantages d'une telle méthode c'est le fait que l'enseignement s'adresse ici à tout le monde qui connait L1. En employant comme medium d'instruction une des langues européennes qui sont les langues de travail et de communication des minorités actuellement occidentalisées, en s'adresserait seulement à ces minorités qui d'ailleurs sont pour la plupart les piliers de la perpétuation des privilèges accordés aux langues étrangères comme moyens exclusifs d'instruction dans nos pays. Les masses africaines qui ignorent les langues étrangères européennes ne pourraient pas se servir de nos manuels et continueraient ainsi à ne pas profiter de notre travail. Faisons aussi remarquer que des manuels d'apprentissage de langues africaines à travers les langues européennes existent depuis longtemps dans les librairies, mais ils n'ont pas de succès pour la raison évoquée ci-dessus.

N'est-ce pas aussi un paradoxe d'enseigner à un africain une langue africaine en se servant d'une langue étrangère non africaine que très souvent l'africain ne connaît pas suffisamment? En effet, le medium d'instruction L1 est censé toujours être mieux connu que L2.

Un autre avantage de la mise face à face de deux langues africaines est de mettre en relief les affinités fondamentales et les différences superfi-

cielles qui existent entre nos diverses langues. Il faudrait de préférence
employer comme L1, langue de la première ou de la deuxième catégorie, pour
l'apprentissage de L2, langue de la 3e catégorie, ceci dans le but de favoriser encore davantage l'intégration nationale déjà amorcée par les langues
de grande diffusion que sont celles de la 3e catégorie. C'est ainsi que
nous pouvons contribuer à l'unification linguistique d'un Etat africain
multilingue. Quant au rapprochement à l'unification linguistique entre
plusieurs Etats africains, nous partons d'abord de la constatation que
certaines langues de la 3e catégorie qui ont une diffusion presque nationale
dans certains Etats débordent très souvent les limites d'un seul Etat. Elles
sont nationales, mais aussi un peu multinationales ou interafricaines. Elles
sont donc déjà un facteur d'unification ou de rapprochement linguistique
entre deux ou plusieurs Etats africains. C'est le cas du kiswahili en Tanzanie et en Afrique orientale; du hausa au Nigéria et en Afrique occidentale;
du lingala au Zaïre et au Congo, etc...

De même que nous attendons encore les décisions politiques qui devraient intégrer les langues de grande diffusion dans le système d'éducation
nationale pour promouvoir l'unité linguistique, de même il nous faudra
attendre même plus longtemps pour que des décisions soient prises en vue de
faire enseigner la langue d'un Etat dans les écoles d'un autre Etat africain,
pour promouvoir l'unité linguistique interafricaine. Le temps où le kiswahili sera enseigné dans les écoles du Sénégal, ou le lingala dans celles du
Gabon semble certainement lointain. On pourrait me contredire en avançant
que les universités africaines ont presque toutes dans leurs programmes
l'enseignement des langues africaines, sans distinction du pays d'origine.
Mais il s'agit là d'un enseignement académique et théorique faisant partie
du programme de recherches sur les langues africaines. Ce qui intéresse la
réalisation de l'unification linguistique africaine c'est l'enseignement des
langues dans le but de les connaître et les parler.

En attendant donc les décisions politiques qui devraient avoir pour
effet d'atteindre ce but en passant par l'éducation organiseé, nous, linguistes, devons préparer des manuels bilingues mettant face à face deux langues
appartenant chacune à un Etat différent. C'est par cette méthode excluant le
recours aux langues non africaines que celui qui connaît le kiswahili pourra
apprendre l'arabe et vice versa; que celui qui connaît le bambara pourra
apprendre le hausa; que celui qui connaît le kinyarwanda-kirundi pourra
apprendre le kiswahili, le lingala ou le kibemba, etc... Notre contribution
aura pour effet d'accroître le nombre des africains qui connaissent une
grande langue africaine autre que leur langue nationale. Après avoir contribué à l'accomplissement de cet objectif, il nous faudra de nouveau attendre
que les responsables politiques fassent de quelques unes des langues africaines les langues de travail des réunions et des relations interafricaines.
Notre tâche doit donc pour le moment se limiter à produire beaucoup de
manuels de lecture populaire et éducative en langues africaines, sans oublier
que ce faisant nous influençons la tendance du développement et de l'unification linguistiques de notre continent.

III. DEVELOPPEMENT DES LANGUES AFRICAINES

1. *Généralités et réfutation du développement préalable*

On a trop souvent répété qu'il faut enseigner en langues africaines, jusqu'à
un certain niveau, fixé arbitrairement. Je dis que c'est arbitraire de prétendre que les langues africaines ne peuvent pas, à leur stade actuel de

développement servir de medium d'instruction dans l'enseignement du second
degré et à l'université. Je suis au contraire convaincu que ces langues ne
peuvent acquérir les terminologies requises pour l'enseignement moyen et
supérieur que le jour où, d'une manière tout aussi arbitraire, on décidera
de les y employer. Ce point de vue est soutenu par beaucoup d'exemples.
Jusqu'au 16e siècle le français n'était pas considéré par les intellectuels
français comme suffisamment développé pour remplacer le latin dans l'enseignement et servir de langue de travail dans les professions libérales et
techniques. C'est la décision, connue sous le nom d'Edit de Villers-Cot-
terêts, qui a favorisé et précipité le développement scientifique du français.
D'après l'Edit en question tous les actes officiels devaient dès 1539 être
exprimés en français, jusqu'alors 'langue vulgaire'. Ainsi la position
prépondérante du latin était renversée du jour au lendemain. On connaît des
cas semblables qui sont très récents et qui appuient notre opinion d'après
laquelle la position d'une langue peut être renversée sans transition.

Même la position prépondérante qu'occupent les langues coloniales ici
en Afrique ne doit pas être considérée comme irréversible. Rappelons qu'a-
près la querre de 1914-18 la langue allemande qui était la langue officielle
au Cameroun fut rapidement évincé par le français et l'anglais quant cette
colonie fut partagée entre la France et l'Angleterre. En Indonésie où avant
la guerre 1939-1945 le néérlandais était la langue officielle dans tous les
domaines, y compris l'enseignement moyen et supérieur, cette langue fut
bannie par les Japonais en 1943. A l'université les Japonais remplacèrent
sans hésitation le néerlandais par l'indonésian sans que celui-ci ait été
au préalable théoriquement préparé. En fait de développement que connaît
aujourd'hui l'indonésien est une conséquence directe de l'acte posé par les
Japonais qui avaient de la répugnance à se servir de la langue de leurs
ennemis. Voici ce que nous rapporte à ce sujet Takdir Alisjahbana, un Indonésien, qui a été témoin de ce qu'il nous raconte dans un article paru dans
un livre édité par J.A. Fishman, *Advances in Language Planning* (1974).

> Indonesian and Malay are basically the same language, which before
> 1928 was called simply Malay. How is it possible that Malay,
> although not the largest, and culturally not even the most important
> language of the Malay-Polynesian group, has become so influential in
> the twentieth century? It is today the mother tongue of only about
> fifteen million people in the whole of southeast Asia... (391-2).
>
> It is spoken by about 125,000,000 people in southeast Asia, i.e.
> the sixth largest language in the world (p.391).
>
> When the Japanese landed in Indonesia at the beginning of 1942, and
> shortly thereafter seized the government apparatus, one of their
> first acts was to abolish the use of Dutch, hitherto the official
> language and the only means of entry to the world of modern culture
> for the Indonesian intelligentia... Indonesian thus became not only
> merely the language of the law and of official pronouncements, but
> also of official correspondence between government and the people.
>
> Likewise Indonesian was used in all schools from primary schools
> right up to the university level. It was a period in which a great
> deal that had never before been written or otherwise expressed in
> Indonesian had to be communicated in the language, iwth the result
> that it suddenly began to grow at tremendous pace. (p. 400).

Des exemples qui précèdent nous remarquons que la décision d'enseigner dans une langue donnée et le développement linguistique qui découle de cet usage scolaire ne vient pas des gens de notre profession. Mais si de telles décisions n'ont pas encore été prises par les dirigeants politiques de nos Etats et si nous voulons vraiment enseigner les langues africaines, il me semble que nous pouvons faire cela en dehors des écoles existantes. Puisque les langues africaines de prestige et de grande diffusion s'apprennent pratiquement dans les foyers, sur la rue et sur les marchés publics je crois que nos linguistes et éducateurs nous pouvons préparer des manuels d'apprentissage de langues et les mettre à la disposition de nos concitoyens sur les marchés et aux coins des rues. Il y a pour ce faire des fonds disponibles au Secrétariat Général de l'OUA pour la publication d'au moins deux manuels de ce genre par an.

2. *La traduction des langues minoritaires comme moyen de développement et d'enrichissement culturel*

Parallèlement à la composition de manuels bilingues d'apprentissage pratique, on doit préparer des livres de lecture dans la langue L2 à apprendre. Ce travail est surtout destiné à enrichir cette dernière en vocabulaire et en expressions nouvelles.

Cet enrichissement peut provenir des langues tribales des deux premières catégories qui souvent ont une littérature orale très riche. Il s'agit donc ici avant tout d'entreprendre un travail de traduction de cette littérature orale des langues tribales dans celles de grande diffusion souvent qualifiées de culturellement pauvres. Il y a toujours dans la littérature des petites langues des concepts spécifiques qui n'ayant pas d'expression équivalente dans les grandes langues, doivent être empruntés à ces dernières. Mon expérience dans ce domaine me vient de la traduction que nous avons faite en lingala du texte *nyanga* de l'Epopée Mwindo que j'ai édité avec le Prof. Biebuyck, sous le titre de *The Mwindo Epic* (1969). La traduction en lingala a été publiée en 1974 aux Editions Celta de la Faculté des lettres à Lubumbashi. L'avantage de la traduction de petites langues dans les langues de grande diffusion est double: premièrement, elle enrichit les grandes langues au point de vue lexical et littéraire; et, deuxièmement, elle est un moyen efficace de préserver (en traduction) le patrimoine culturel véhiculé par les petites langues, destinées à longue échéance à disparaître. Si nous inscrivons à notre programme d'action la traduction d'oeuvres littéraires d'une langue africaine dans une autre, il faut avouer que cette tâche qui n'a pas encore commencé est évidemment énorme. Mais elle cadre bien avec nos objectifs d'unification, de développement et d'éducation linguistique de nos populations.

3. *La traduction des langues étrangères comme moyen d'emprunt d'une terminologie scientifique et moderne*

J'ai insisté plus haut sur la contribution que des langues africaines minoritaires peuvent apporter au développement des langues africaines qui ont déjà marqué une avance plus unificatrice que les autres. Mais ces langues du fait de leur simple co-existence avec les langues coloniales qui jouissent aujourd'hui du haut statut de langues officielles ont déjà subi un certain métissage. Je veux dire que ces langues africaines ont déjà subi une plus grande influence des langues étangères que n'en ont subi les langues minoritaires. Du coup certains qualifient les langues africaines de grande diffusion de bâtardes qui, pour cette raison, d'après eux, ne devraient pas être choisies

comme langues nationales au dépens des langues tribales, considérées comme
plus pures et plus authentiquement africaines. Une telle position nous
éloignerait évidemment très loin des objectifs fondamentaux que nous essayons
d'atteindre dans le plus bref délai, à savoir unité et développement linguistiques. Le purisme qui porterait le choix d'une langue nationale sur une
langue minoritaire ferait prendre trop de temps pour l'unité et le développement pendant que les langues coloniales étrangères s'enracinent et se répandent de plus en plus dans nos Etats grâce d'ailleurs aux très nombreux et
très puissants moyens mis à leur disposition avec la collaboration de nos
propres gouvernements. Si certaines de nos langues ont déjà emprunté plus
de termes étrangers que d'autres, il faudrait considérer cela comme un fait
très positif; en effet l'emprunt est un moyen universel d'enrichissement
d'une langue. Toutes les grandes langues dites développées ont emprunté des
mots d'autres langues, et ceci est même inévitable dans le domaine scientifique et technique. Du reste la terminologie scientifique actuelle n'a plus
de caractère national parce qu'elle est la même partout. Nous devons aussi
nous l'approprier en l'intégrant au système général de nos langues par la
traduction des livres techniques écrits en langues étrangères.

REFERENCES

Ansre, G. 1974 'Language standardisation in sub-Saharan Africa,' in
    Advances in Language Planning, ed. J. Fishman. 369-89.
Calvet, L.-J. 1975 'Colonisation et langue d'enseignement,' in *La Linguis-
    tique* 1975/2: 117-22.
Champion, Jacques 1974 *Les langues africaines et la francophonie*. Mouton.
Fishman, J. (ed.) 1974 *Advances in Language Planning*. Mouton.
Hall, R.A. Jr. 1974 *External History of the Romance Languages*. Elsevier.
Kotey, Paul Amon 1975 'The official language controversy: indigenous versus
    colonial,' in *Patterns in Language, Culture and Society: Sub-Saharan
    Africa*, ed. Robert K. Herbert. Ohio State University. 18-26.
Okonkwo, G.J. Emeka 1975 'A function-oriented model of initial language
    planning in sub-Saharan Africa,' in *Patterns in Language, Culture and
    Society: Sub-Saharan Africa*, ed. Robert K. Herbert. Ohio State Univ-
    ersity. 37-52.

Summary

AFRICAN LANGUAGES AS MEDIA FOR TEACHING OTHER AFRICAN LANGUAGES

I. *A historical perspective on the minor importance hitherto attached to
African languages in our educational systems*

African languages were not generally taught in secondary schools or universities in the colonial period. They were used as the medium of instruction in
primary schools in British and Belgian colonies. As subjects taught they
have gradually attained a place in the curricula of secondary schools and
universities since the accession of African states to independence. But
today it is still generally the colonial foreign languages that occupy the
most important place in school and university curricula. The most remarkable
fact is that to date no African language has been used to teach another
African language.

II. *Linguistic unity and how it can be achieved*

(1) Almost all African countries have a multitude of different languages. But the use of these follows a pyramidal stratification. All languages at the base of the pyramid are spoken by ethnically and geographically limited minorities. Certain languages are spreading more and more and increasingly approaching the top of the pyramid. As their extent is wider and they are used by peoples of different origins they tend to become national languages.

(2) To find out which languages are developing this tendency to become national languages, one has to determine which of all the languages used in one country is used by the greatest number of non-native speakers and for which this number is constantly increasing. This is the language whose diffusion should be further encouraged by use in education.

(3) The teaching of a language destined to become the national language of a country would be best undertaken through the medium of the mother tongue languages at the base of the pyramid described above. This has the advantage of being fair to all rather than favouring a minority, as happens when the teaching of the national language is done through the colonial foreign language. To aid the achievement of linguistic unity between two or more African states one would have to prepare bilingual handbooks setting side by side two languages, one spoken in each of the states.

III. *The development of African languages*

(1) The task of developing our languages to enable them to express adequately the realities of modern like is as fundamental as that of the linguistic unification of the African continent. This is therefore an additional reason to favour the use of our languages in teaching. It is such use that will help the languages develop, as many experiments elsewhere have proved. The development of a language follows on from or at the least parallels its use, it cannot be imposed in advanced.

(2) A language destined to become national can be developed and enriched by translating into it literary works found in ethnic or minority languages. By this means the heritage of small languages will be preserved.

(3) The development of our languages can also be effected by translating scientific and technical works written in the so-called scientific and modern languages, with a view particularly to assimilating into our languages the vocabulary and structure of thought of modern science.

SUGGESTED SYLLABUS FOR A THREE-YEAR NURSERY EDUCATION FOLLOWED BY A FIVE-YEAR PRIMARY EDUCATION IN AFRICAN LANGUAGES

F. MBASSI-MANGA

Pre-secondary education in Africa could probably be defined simply as 'Home' Education. 'Home' as used here would include African communities from 'home-family' to 'home-continent'. This education begins at the age of three in the family and goes on to the age of ten in the village.

The syllabus content of pre-secondary education in Africa is therefore clearly defined to include only those aspects of knowledge that are necessary for life, first in the home-family, second in the home-village, third in the home-country, fourth in the home-continent. The vehicle for this education should obviously be the home language (HL). HL - that is, all indigenous, national languages. And a study of the suggested syllabus shows that what the African child needs to know through the medium of his home language, is at least of the same standard as that which children of his age all over the world need to know in their homes.

The question that is often raised is, in what home language are they going to receive their education? The answer to this question is simply 'in a home language', meaning, in the home language of the locality where the child finds himself at the age of three, etc.

The multilingual nature of Cameroon, for example, and of many other African nations should lead the African linguist and other social scientists including educationists, on to more creativity in language-and-education. A consequence of multilingualism in Africa, especially after independence, is the increasing urban tribalism. 'Urban' because there must be very few African rural communities where a stranger is refused simply because he speaks a different language, or because he comes from a different tribe.

But today, a common practice in urban Africa is to confuse the civil service/political position with ethnicism. The consequence is that only those who have people from their ethnic group with powerful positions, can easily get employment in the national labour market. This is true in spite of the introduction of the one-party system in Africa. The gospel of African competent political, religious, administrative and educational authorities to tribal groups against tribalism may therefore continue to fail in getting converts because an economic factor - getting a job/getting money - is confused with ethnic and tribal provenance and the confusionists are the African élite. This élite lives in towns and cities or in communities where there is sufficient imitation of urban life. They 'breed' and spread tribalism and make it on-going to the extent that it is beginning to spill over to the rural communities. Probably one of the sentimental factors of tribal ingrouping is the home language and it is in the African town, where people are drawn from different home-language groups, that loyalty to home language tends to be stronger.

In this essay it is suggested that the children of this tribalistic élite should learn the home language of the locality in which their parents work. This means that in Cameroon, all children in Yaounde would learn Ewondo; all children in Douala would learn Duala; all children in Garoua would learn Fufulde; all children in Bafoussam would learn Fehfeh, whatever their tribal provenance. In other words, the child would receive his nursery education in a home language, not necessarily his mother tongue. But given a standard alphabet and orthography for all the languages of the country, the child would eventually be literate in at least two home languages including his own.

The assumption in this paper is that this type of language education will gradually weaken the tribal boundaries, at least those built on language, and eventually detribalise the African child. True, he will find another nucleus of language loyalty: probably a received Language (RL): French/English. In Cameroon, the French-English dichotomous loyalty is already a reality superimposed on home language loyalties. But although it can also be a very powerful dividing force, it has the characteristic of being only an illusionary loyalty, in that it is a loyalty on the way to the fundamental tribal loyalty. An example will probably make this clearer. In Cameroon, there is an anglophone language group and a francophone language group so that one would expect a francophone loyalty and an anglophone loyalty that will over-ride regional boundaries. Unfortunately, what happens in practice is that at the state level at least, the tribal majorities use the anglophone/francophone groups to increase their majority. But once at the regional level, the loyalty becomes tribal and the 'floating minority' is sacrificed, as it were. As said earlier, this happens more when positions and jobs are to be distributed.

Apart from the detribalising effect of this programme, there are at least two other advantages. First there are added opportunities for employment as the HLs get recognition as languages of literacy and become languages of education at nursery and primary levels. Nurses for the (day) nurseries will be African girls and women. Teachers for the primary schools will in principle be nationals, males and females. Today these job opportunities are almost non-existent, especially at the pre-primary level, and at the primary school level there is a total 'shift' of focus from education in HL to education exclusively in RL. The position is so bad in some African states that kindergarten education is not only given in received languages but Africans pay up to 80 US dollars per child per month for it! 80 US dollars is four times the monthly minimum salary of a kindergarten nurse. And one nurse could be put in charge of at least sixteen children! And this is the second advantage; that money so wasted can be turned to better use. This point becomes even clearer when it is realised that African states ask for foreign assistance in the form of teachers of these homes schools (nurseries) and village schools (elementary schools)!

Home education in the HL begun at the age of three in what is called here 'home schools', will continue in 'village schools' at the age of six. But at this point, it is necessary to anticipate secondary and university education, by introducing two received languages, English and French, as subjects. 'Received Language' is used here as a technical term to mean a language which, originally foreign in a locality, has come to acquire vehicular status in its new community. It has become a language of official, business, social, economic and educational activities, and shares usage in day-to-day interaction with the home indigenous languages of the locality, the nation, etc. The child is consequently more or less open to this language which he 'receives' at the same time he begins to acquire his home language. Received Language learning started in this way at the age of six, will no doubt be more effective than that started at the age of eleven plus.

    The whole pre-secondary education will, following these suggestions, take eight years: three in the home school and five in the village school. These eight years of school will correspond to eight classes: Classes 15 - 13 then classes 12 - 8. Elementary education will be shorter and secondary education started at ten plus, will take seven years, bringing the child's age to seventeen. Probably the most important contribution of such a programme is that it tends to correspond to the language situation in African society today, and to prepare the child for education in RLs without sacrificing his education in the HLs. The African child will learn first how to pronounce African personal and place names and spell them following HL orthographic conventions.[1] In this way, for example, the Duala personal name *ngane* will not become *ngange* and *mbasi* will not become *mambasi*... and the place-name *gbea* would not have become *bwija*... with all the consequences to the country's onomasticon and typonymy. The African child at the age of ten will be educated in the home language and will be literate both in his home language(s) and in his received language(s). A solid foundation for secondary and university education, and for life in society would thus have been laid. It is the view of the writer that, whatever the African's national pride, socio-political sentiment, and whatever the costs, Africa needs a bilingual system of education - that is, in a home language and at the same time in a received language of world wide communication. A monolingual system of education tends to isolate the individual and to cut him off from interaction with peoples of other nationalities. A bilingual system of education on the other hand, while helping to keep the individual's roots firmly at home, makes him derive in addition, advantages in the circulation of knowledge and skill from sources that use his received language(s).

THE SUGGESTED SYLLABUS [2]

HOME SCHOOL

	TEXT	TRANSLATION	
	DUALA	ENGLISH	FRENCH
1	**Klase 15** (Mbu 3)	**Class 15** (3 years)	**Classe de 15ème** (3 ans)
	i. <u>Bosangi</u>: Ñolo mboti, madiba, da.	i. <u>Keeping clean</u>: Body, clothing, water, food.	i. <u>Propreté</u>: Le corps, les habits, l'eau, la nourriture.
	ii. <u>Bwambo</u>: Topo-bema ba mboa; minia; maloko; masoma; elǫngi.	ii. <u>Speaking</u>: On home life; stories; games; greeting; singing.	ii. <u>Parler</u>: Sur la vie du foyer; contes; jeux; saluer-remercier; chant.
	iii. <u>Sǫngęlę</u>: 1-5	iii. <u>Counting</u>: 1-5	iii. <u>Compter</u>: 1-5
	iv. <u>Duta</u>: Mitila na manolo ñai na ñai	iv. <u>Drawing</u>: Lines and different shapes.	iv. <u>Dessin</u>: Lignes et formes diverses.
2	**Klase 14** (Mbu 4)	**Class 14** (4 years)	**Classe de 14ème** (4 ans)
	i. <u>Bosangi</u>: Mboa, mwę bę, ndabo'a du, eboko...	i. <u>Keeping Clean</u>: The home, the kitchen, the toilet, the compound...	i. <u>Propreté</u>: La maison, la cuisine, les toilettes, la cour...
	ii. <u>Bwambo</u>: Topǫ: minia; mboa; mbia; mada; nama na sue; masoma; maloko; pilo; elongi.	ii. <u>Speaking</u>: storytelling; the home, the family, foodstuffs, beef and fish; greetings; games; proverbs; singing.	ii. <u>Parler</u>: Les contes; vie de famille; les vivres, viande et poisson; salutations; jeux; énigmes; chant.
	iii. <u>Misǫngi</u>: 1-10	iii. <u>Counting</u>: 1-10	iii. <u>Compter</u>: 1-10
	iv. <u>Duta</u>: Mitila na mañolo...	iv. <u>Drawing</u>: Lines and shapes and forms...	iv. <u>Dessin</u>: Lignes et formes diverses...
	v. <u>Tila</u>: Litera i tem.	v. <u>Writing</u>: Straight letters.	v. <u>Ecriture</u>: Lettres-formes lignes droites.

58   SYLLABI FOR NURSERY AND PRIMARY SCHOOLS

	DUALA	ENGLISH	FRENCH
3	Klase 13 (Mbu 5)	Class 13 (5 years)	Classe de 13ème (5 ans)
i.	Bosangi: Sangisę la mboa, sangisę esukulu; nina na betanda n-n-n, na pue,...	Hygiene: Sweeping the house, sweeping the school; lice and other insects; rats...	Hygiène: Balayer la maison; balayer la classe, l'école; les poux, les insects...,
ii.	Bwambo: Tila: langwa la minia na mulopo; bepasi; bolanga ba balati. Tila: Myemba ma bwambo.	Language: Speech and Writing: telling of stories from memory; poems; riddles; nursery-rhymes. Reading. Writing.	Langue: Parler et Ecrire. Contes par les élèves, poésie et rhymes; énigmes et proverbes. Lecture. Ecriture.
iii.	Misǫngi: Sǫngęlę-manólo ñai-na ñai - bwaba na isungu - ebapa - bondęnę na bosadi - etum na bebe - bowam na bodilo. Bata, sumwa, jaba ngedi...1-100	Arithmetic: Counting...Different forms and shapes- long and short- width and length - big large and small/ narrow-light and heavy -... Add, substract, divide, multiply... 1-100	Arithmétique: Enumération. Formes diverses. long et court - largeur et longueur - grand/ large et petit/étroit- léger et lourd-... Ajouter, soustraire, diviser, multiplier... 1-100
iv.	Duta: Duta na mulopo - Jembilane - (byembe - bema -babongo - nama...)	Drawing: Drawing from memory - Copying (animals - objects - men - animals...)	Dessin: Imagination - Copy, dessiner de vue - (les formes - les êtres - animaux - arbres...)
v.	Tila-la Bwam	Writing	Ecriture
	ESUKUD'A MUNDI	VILLAGE SCHOOL	ECOLE DU VILLAGE
	MBU MUTOBA (6)	SIX YEARS (6)	SIX ANS (6)
4	Klase 12	Class 12	Classe de 12ème
i.	Bwambo b'Ekombo: Jokwa la tǫpǫ na tęitęi; jokwa la tila na tęitęi; bolanga.	Home Language: Patterns of spoken usage; patterns of written usage; reading.	Langue de la localité: Usage parlés; usages écrits; Lecture.
ii.	Misǫngi: 1-100 Songęlę: botea la bata sumwa jaba ngedi	Arithmetic: 1-100 Beginnings of addition substraction division multiplication	Arithmétique: 1-100 Calcul: débuts de l'addition la soustraction la division la multiplication.

DUALA	ENGLISH	FRENCH
iii. Dibie na sontane a. Jeografi; ndabo na esukulu (jasumwe mboa wala sukudu; ja- sumwe mboa wala bepo lo n.n. o mundi. Ponda. b. Ebol'a dia. c. Myango: myango ma mboa na ma tumba d. Bona Nama na Mbota.	iii. General Knowledge: a. Geography; Home and school (From home to school; from home/school to other places). The weather. b. Handicraft. c. History: history of the home and village d. Plants and animals	iii. Culture Générale: a. Géographie: Le foyer et l'école (de maison à l'école; de la maison/ de l'école au reste du village...) Le temps. b. Artisanat c. Histoire: l'his- toire de la famille et du village; d. Les plantes et les animaux.
iv. Maloko na Tune	iv. Games and Physical Education	iv. Education physique et Jeux
v. Elongi	v. Singing	v. Chant
vi. Myambo ma Byanedi: a. Frensi b. Inglisi Topo na bolanga	vi. Official Languages: a. French b. English Speaking and Reading	vi. Langues officielles: a. français b. anglais Parler et Lire

5 Klase 11 (Mbu 7)   Class 11 (7 years)   Class de 11ème (7 ans)

i. Bwambo b'Ekombo: Nokise la klase 12	i. Home Language: Class 12 work in depth	i. Langue de la localité: Approfondissement des connaissances de la cl. de 12ème.
ii. Misongi: Nokise la klase 12.	ii. Arithmetic: Class 12 work in depth.	ii. Arithmétique: Appr. des connaissances de la 12éme.
iii. Dibie na Sontane: (Tumba) a. Jeografi b. Myango c. Bona ńama na mbota d. Ebol'a dia.	iii. General Knowledge: (The Tribe) a. Geography b. History c. Nature Study d. Handicraft	iii. Culture Générale: (La Tribu) a. Géographie b. Histoire c. Les Plantes et les animaux d. l'artisanat.
iv. Maloko na Tune	iv. Games and Physical Education	iv. Education physique et Jeux
v. Elongi	v. Singing	v. Chant

vi. Myambo ma Byanedi; Frensi na Inglisi: Topo: bema muna bino bwambo b'ekombo; Tila: Jokwa la tila nje muna a biano topo.	vi. Official Languages: French and English; Speaking: based on what the child knows in his H.L. Writing: What the child speaks.	vi. Langues officielles: Français et anglais: Parler: basé sur l'expérience de l'enfant dans sa LL. Ecrit: L'enfant apprend à écrire ce qu'il parle déjà.

6 Klase 10 (Mbu 8)   Class 10 (8 years)   Classe de 10ème (8 ans)

i. Bwambo b'Ekombo: a. Langa na sontane b. Topo na teitei c. Tila na teitei d. Bolanga ba kalati	i. Home Language: a. Reading and Writing b. Reading with understanding c. Writing correctly d. Reading from books	i. Langue de la Localité: a. Lire et Ecrire b. Lire-compréhension c. Ecrire correctement d. Lectures des textes
ii. Misongi: a. Songele: bata; sumwa; jaba; ngedi. b. Nai na Nai'a misongi: mboa; tumba; don eyidi n.n. c. Mamene: meta (etum bebe; bwaba, isungu.) Kilo:wama, bodilo, mene o kilo. d. Bewa: lita, ikanga n.n.	ii. Arithmetic: a. Addition: substraction, Division, Multiplication, Problems. b. Weights and Measures c. Distances (Ideas of far-near; heavy-light; short...) d. Capacities	ii. Arithmétique: a. Les opération de calcul-l'addition-la soustraction, la division et la multiplication. Les problèmes. b. Poids et Mesures c. Distances d. Capacité (Donner la notion de loin-proche, lourd-léger, plain-vide, un litre...
iii. Dibie na Sontane: a. Matumba m'epas 'Ekombo ewo- - jeografi - Myango - Nama na mbota	iii. General Knowledge: a. The Region - Geography - History - Rural Science and Nature Study	iii. Culture Générale: a. La Région - Géographie - Histoire - Sciences Naturelles (Etude de la Nature)
iv. Ebolo na Ntu: a. Boluli b. Monda na Mboa	iv. Work and Crafts: a. Crafts b. Framing/ gardening c. Domestic Work	iv. Travaux Pratiques et artistiques: a. l'Art b. Le Champ/le jardin c. Le travail domestique
v. Elongi	v. Singing	v. Chant
vi. Myambo ma byanedi: Frensi na Inglisi a. Topo na Tila b. Bolanga ba kalati.	vi. Official Language: French and English a. Speaking, Reading and Writing b. Reading of books	vi. Langues Officielles: français et anglais: a. Parler, Lire et Ecrire b. Lecture de livres.

SYLLABI FOR NURSERY AND PRIMARY SCHOOLS 61

7	Klase 9 (Mbu 9)	Class 9 (9 years)	Classe de 9ème (9 ans)

i. Na Bwambo b'Ekombo:
   a. Tila: Betiledi ba ṁai na ṁai natena 300 byala: maleta, bolangi...
   b. Langa le kalati na bola la bolangi

i. In Home Language:
   a. Writing: different writing exercises up to 300 words, letter-writing, accounts, reports...
   b. Reading and Comprehension

i. En Langue locale:
   a. Ecrit: différents exercices..., 300 mots, lettres, compte-rendu, rapport...
   b. Lecture et Compréhension.

ii. Jokwa la bwambo: b'Ekombo: Mambenda ma bwambo o betopedi na o betiledi

ii. Study of HL: Patterns of Usage spoken and written.

ii. Etude de LL: Structures écrites et orales

iii. Misongi:
   a. Bolane la misongi
   -Misusedi: janda na jandise, bowen na mbolon, dongo
   -Mongo (byengedi) $\frac{-1}{2}, \frac{1}{3}, \frac{1}{4}, \frac{1}{5}, \frac{1}{6}, \frac{1}{10}$
   -Pursent: 1%, 5%, 10%
   -Mongo na Pursent.
   b. Mamene:
   -meta..
   -kilo..
   -lita..
   c. Misongi ma sanja
   -sikwe (matongo)
   -yewe
   -matongo malalo
   -bwaba n'ebapa
   d. Dikala:
   -Dimene o sanja na dimene o Mapi. 1/100; 1/500

iii. Arithmetic:
   a. Using numbers: prices: buying and selling, Profit and Loss Shares;
   -Fractions (Introduction)
   $\frac{-1}{2}, \frac{1}{3}, \frac{1}{4}, \frac{1}{5}, \frac{1}{6}, \frac{1}{10}$
   -Percentage: 1%, 5%, 10%...
   -Fractions and Percentages.
   b. Weight and Measures:
   -metre..
   -kilog..
   -litre..
   c. Areas:
   -square
   -trapezoid
   -triangle
   -length and breadth
   d. Scales:
   -Distance on land-distance on the map. 1/100; 1/500

iii. Arithmétique:
   a. Usage de nombres: achat et vente, perte et profit, partage et parts
   - Fractions: (introduction)
   $\frac{-1}{2}, \frac{1}{3}, \frac{1}{4}, \frac{1}{5}, \frac{1}{6}, \frac{1}{10}$
   -Pourcentage: 1%, 5%, 10%
   -Fractions et Pourcentages
   b. Poids et Mesures:
   -le mètre..
   -le kilo..
   -le litre..
   c. Surfaces:
   -le carré
   -le trapèze
   -le triangle
   -longueur et largeur
   d. l'Echelle:
   - distance sur le terrain et distance sur la carte 1/100; 1/500

iv. Dibie na Sontane:
   a. jeografi ṁa Kamerun
   -Myango ma Kameron
   -Janea la Kameron
   -Politik na Kameron
   b. Bekombo bepepe ba Afrika
   c. Bona Nama na Mbota

iv. General Knowledge:
   a. Geography of Cameroon
   -History of Cameroon
   -Cameroon Government
   -Civics and Politics
   b. Other countries of Afrika
   c. Nature Study

iv. Culture Générale:
   a. Géographie de Cameroun
   -Histoire du Cameroun
   -L'Administration
   -Politique et Civiques
   b. Autres pays d'Afrique
   c. Sciences Naturelles

v. <u>Ebolo na Ntu</u>: a. Boluli b. Monda/... c. Mboa	v. <u>Work and Crafts</u>: a. Crafts b. Farming c. Homecraft	v. <u>Travaux Pratiques et l'Art</u>: a. l'Art b. le Champ c. Economie domestique
vi. <u>Elongi</u>: Frensi na Inglisi: Tila na teitei Topo na teitei Mamhenda ma topo na tila Langa la Kalati	vi. <u>Official Languages</u>: French and English: Speech and Writing Patterns of Usage of speech and writing. Reading of Books	vi. <u>Langues Officielles</u>: Français et Anglais Parler et Ecrit Structures d'usage parlé et écrit... Lecture de livres.

8 <u>Klase 8</u> (Mbu 10)   <u>Class 8</u> (10 years)   <u>Classe de 8ème</u> (10 ans)

Timbise na potise la klase 9 | Review, and going over in detail of class 9 work | Revue et approfondissement des connaissances de la classe de 9ème

NOTES

¹ This idea is developed in another paper: 'The Pronunciation and Orthography of African Names: A Study in Language, Education and Cultural Development' also intended for the Kinshasa Conference of 13th-15th December, 1976.

² Printed in Duala with translation into English and French. The orthography of Duala is in the missionary conventions used in the Bible.

Summary

PROGRAMME D'ENSEIGNEMENT SUGGERE POUR TROIS ANNEES DE JARDIN D'ENFANTS ET CINQ ANNEES D'ECOLE PRIMAIRE EN LANGUES AFRICAINES

Cette étude considère l'enseignement pré-secondaire en Afrique comme portant exclusivement sur l'éducation 'locale'. 'Education locale', pris dans son sens le plus large, comprendra la *localité-famille*, la *localité-nation*, et la *localité-continent* de l'infant.

Cette formation commence à trois ans et se termine, en principe, à dix au village de l'enfant.

Le programme de cette éducation étant essentiellement local, le véhicule par excellence de la formation à le stade sera évidemment la langue locale. Cependant quelque soit notre sentiment national, tout système d'éducation africain, pour être adéquat, devra être bilingue. Ceci justifie l'introduction d'une 'Langue Reçue' de communication internationale dans l'éducation de l'enfant africain afin de le protéger de l'isolement mais surtout de l'ouvrir à la circulation du savoir et du savoir-faire qu'il puisera des sources qui utilisent sa langue reçue.

C'est un tel programme d'éducation de l'enfant camerounais et africain de trois à dix ans que nous livrons à la réflexion des congressistes.

THE TANZANIA EXPERIENCE IN THE USE OF KISWAHILI IN EDUCATION

G.A. MHINA

Introduction

The issue before us, namely the use of African languages in education, is of special interest in the context of Africa's development. It is of special interest because Africa today is witnessing an inevitable revolution whose objective is to liberate Africans from the enemies of mankind: ignorance, disease, poverty.

The question of language in education is perhaps not a major issue in Europe and America because, if there exist conflicts on the use of language in education, they are not on which language should be employed, but on which version of the dominant language should be used in each respective country. For instance, for many years English has been accepted as the language in education in Great Britain, despite moves in Wales to develop Welsh as a language of education. Otherwise, the type of question under discussion in Great Britain nowadays, is what kind of English should be emphasized in the schools.

The situation is different in the context of Africa, for in Africa, the issue which preoccupies our discussions at the moment is whether it is a wise idea to promote African languages for use in education. Several meetings of experts on African languages organized by UNESCO have in their resolutions reaffirmed the legitimacy of using African languages in the promotion of African life on the continent of Africa, especially south of the Sahara. This issue, in the context of modern Africa, cannot be taken lightly, for in terms of Africa's economic position, it constitutes a major problem to be solved. In some cases, a firm decision may have to be made policy-wise, to stick to the European languages we have inherited from the colonial masters and forget altogether the question of the promotion of African languages for educational purposes. In other situations, the position of African languages is far more favourable, as in the case of Tanzania, for example.

Background

The pre-independence system of education created small elitist groups. The presence of these groups during the pre-independence period in the history of Africa was less questioned simply because the elite were there to serve the masters and the affairs of the imperial government. This concept no longer exists in the majority of Black African countries. The main objective of education in many of these countries is to liberate the African masses from the poor conditions in which they live today. The old concept that education for Africans should be planned to provide service to the masters is no longer relevant. It is from this angle, therefore, that education for Africans in Black African countries should play the role of liberating them from ignorance, disease and poverty, hence the need to look into the legitimacy of using African languages in education. It is important that we discuss this question seriously as experts, because it is a very serious question, the outcome of which is going to effect future generations. If our advice to policy makers is not genuine, but is taken and implemented nevertheless, then we would be doing nothing less than creating confusion in the education of our children. Likewise, any genuine advice that we may happen to give needs to be looked into seriously by the policy makers of the respective countries. Their final decision on the use of a particular language in education would be vital.

While looking into this question, we must remind ourselves that Africa south of the Sahara has been under foreign domination for many years. In some African countries, the colonial masters' language is the only vehicle of instruction in the educational system, whereas in other countries, some African languages have not been ignored. An example of the latter case is the role being played by Kiswahili in education in Tanzania. In the following paragraphs I shall try to point out how the changes in the educational system in Tanzania have affected the use of Kiswahili in education and vice versa.

Language planning for educational purposed in Tanzania has always been part and parcel of the overall planning for the infra-structure. This conscious planning for Kiswahili was institutionalised by the British Colonial Government in East Africa. A special body known as the Inter-Territorial Kiswahili Language Committee for the whole of East Africa was established. The idea of setting up a body responsible for making Kiswahili a common language in East Africa, needs to be seen as great foresight on the part of the colonial government.

The Committee's terms of reference were clearly defined. It was given overall powers to control the development of Kiswahili in the whole of East Africa. This had the following advantages:-

a) it reduced any tendency towards diversification on usage.
b) it created a situation in which school materials could be produced centrally.
c) because the teaching materials were centrally controlled, their distribution and the training of teachers were made easy as well as economical.

Through this set-up, Kiswahili developed and became a reasonably adequate instrument for the education of Africans in Tanzania. It has to be borne in mind, however, that the system of education at the time was intended to provide education for Africans only up to primary school level. The objective of the system was to prepare them to fill ancillary positions in local administration. The colonial masters only needed clerks and artisans to help them run the local administration. The central government then was solely an affair of the colonial masters. The objective embedded in the educational system for Africans was certainly an obstacle to the promotion of Kiswahili, for it limited the scope of development for the language.

Primary education was, in the early days of colonial administration in Tanzania, seen as a preparation for service in local administration. However, in order to accomplish this, it was necessary to establish post-primary vocational schools which trained ex-primary leavers in elementary agriculture, health services, teaching and other basic specialized areas. On these lines, there was a time during the early days of the history of Kiswahili when it started to acquire a specialized vocabulary in order to cater for these specialized fields at the basic level. For instance, booklets on educational psychology and school administration were introduced in Teacher Training centres. The same thing happened in the fields of health, agriculture, forestry and the police. There is no doubt that had this process been maintained, Kiswahili today would be more advanced in the field of science and technology.

The years between 1940 and 1961 witnessed a change in the country's language policy. English became the dominant language in education. The medium of instruction in rural primary schools was Kiswahili in the first five years. However, after that all subjects except Kiswahili were taught in English. As a subject, English was taught from the third year of primary school. In towns, many primary schools were turned English medium. During this period Kiswahili received less attention in the schools' syllabuses. Comparing the time given to English and to Kiswahili in the secondary schools' time-tables, the former was given 12 periods a week, whereas Kiswahili was given two to three periods only a week. Besides the difference in the amount of time given, English was assigned to qualified teachers whereas Kiswahili was left in the hands of unqualified teachers.

When Tanzania Mainland obtained her independence in 1961, Kiswahili was declared the national language. The part played by this language at the time of the struggle for independence, made it a unifying force in the eyes of the people of Tanzania. Its role as a unifying force during that time gave the language an additional role as a language of liberation. Although Kiswahili acquired this new status, it is worth mentioning that the school system remained unchanged, and the situation of Kiswahili in the schools remained more or less the same.

The Arusha Declaration

1967 witnessed a dramatic change as a result of the *Arusha Declaration* and the introduction of *Education for Self-Reliance* in Tanzania. It was realized that there was a need for change. The educational system was still western orientated. It had to be changed to suit Tanzania's local needs. The education Tanzania had inherited from the British colonial government alienated the youngsters from their immediate environment, which is mostly rural. It instilled in them a negative attitude towards manual work. It was also elitist in character. Primary school pupils were being prepared for secondary school education; secondary school students were being prepared for university entry. This situation was anomalous, for only a few primary school leavers obtained places in secondary schools; likewise only very few secondary school leavers obtained places in universities.

One of the major steps enforced in the philosophy of Education for Self-Reliance was the government's decision to make primary education complete in itself. This means that the foremost aim in providing primary education should not be to prepare children for post-primary education, but to prepare them for life, so that they may be useful citizens in their own society when they leave school.

Education for Self-Reliance was 10 years old in March 1977: a decade is a reasonable length of time in which results can be seen. This paper does not intend to discuss the overall results arising from the system, but rather to relate the change in the development of Kiswahili as a language of education.

Kiswahili in primary schools and teacher training

In May 1967, soon after the birth of Education for Self-Reliance, Kiswahili was officially declared the medium of instruction in all primary schools in Tanzania Mainland, except in a few selected schools in the capital which served children of diplomats and expatriates in Tanzania. The change was well received by the majority, but with reluctance by the elite groups whose own education was gained through the English language - hence they looked at English as the only appropriate and legitimate language for their children's education. In other words, they considered the change as being a retrogressive step. Some of them attributed, in anticipation, a fall in standards in education to the introduction of Kiswahili as the medium of instruction.

This change of policy towards primary education brought about a chain of other changes within the system. As most of the teaching materials that existed at the time were not suitable, new relevant materials had to be written. New course books had to be written in every subject, and within a specified, limited space of time.

A new method had to be divised to cope with the situation. Book-writing workshops were introduced by the Ministry of National Education. These workshops were assigned to write course books in Kiswahili. In the past, the writing of course books had been the responsibility of individuals - some educationists and some non-educationists. The new workshops were mostly manned by primary school teachers and tutors from Teacher Training Colleges. The involvement of the tutors was necessary as the Training Colleges are responsible for preparing teachers for the primary schools. This was a progressive step towards the preparation of materials - progressive in the sense that the people involved, namely the primary schools and Training College teachers are the people who know best the situation that surrounds the children they teach. This procedure has been followed since then, and its results have been very encouraging.

The introduction of writers' workshops was not meant to stop individual authors from contributing to the development of school materials. The workshops and individual authors are complementary. This change has made it possible for course materials in all subjects in the primary schools to be available in Kiswahili within a short period of time. The production of materials in Kiswahili continues.

In order to speed up the publication of these materials, the Ministry of National Education has its own small printing press, which handles mostly primary school and functional literacy materials. As far as publication of materials is concerned, the country also gets the services of the Tanzania Publishing House and some foreign publishers such as Longmans and Oxford University Press. Despite the existence of these printing facilities, there is still a growing demand for more.

The decision to use Kiswahili as a medium of instruction in primary school also affected the situation in the Teacher Training Colleges. As the colleges train teachers for primary education, it was considered logical and appropriate to use Kiswahili as the medium of instruction in the colleges too. As in the primary schools, relevant and feasible materials had to be produced. This too gave a boost to Kiswahili, for, some pedagogical and educational psychology terms which were formerly in English, had to be translated into Kiswahili.

The decision to use Kiswahili as a medium of instruction in primary school also affected the situation in the Teacher Training Colleges. As the colleges train teachers for primary education, it was considered logical and appropriate to use Kiswahili as the medium of instruction in the colleges too. As in the primary schools, relevant and feasible materials had to be produced. This too gave a boost to Kiswahili, for some pedagogical and educational psychology terms which were formerly in English, had to be translated into Kiswahili.

The change of policy also affected the teachers already in service. Because most of them were orientated towards the old system, it became essential that they be re-orientated towards the new way of thinking. So since the introduction of Education for Self-Reliance, organised seminars are being conducted throughout the country. This undertaking is costing the government a lot of money but, nevertheless, it is a worthwhile investment. UNICEF/UNESCO are contributing financially to this work, although the training of these in-service teachers is entirely the responsibility of the Tanzanians themselves. These seminars last from one day to three months.

From this account of the changes of policy in primary education in the context of the philosophy of Education fro Self-Reliance, it is evident that the pupils, primary school teachers and educational administrators responsible for primary education are now much more exposed to Kiswahili than before. It is however, worth mentioning here that there is still much to be done to raise the standard of primary school teachers in the field of Kiswahili, for it is at the primary level that a strong foundation is essential. In connection with this, it has become evident that there is a great demand for both pure linguistic and socio-linguistic research in the field of education. Through such research, we may discover new horizons which might strengthen Kiswahili as a tool for education. The Institute of Kiswahili Research of the University of Dar es Salaam in collaboration with the Institute of Education and the Ministry of National Education, has plans for that task.

Adult Literacy

Another aspect of education is that which deals with adult literacy. Tanzania is one of the African countries which still has a high rate of illiteracy. Education for adults was not taken very seriously during the colonial period and the first half of the 1960s. This is because more attention was being given to the education of children. The Arusha Declaration which emphasized the need for every citizen to participate actively in the building of Tanzania, made it necessary to embark on a massive programme of adult education. The Ministry of National Education and the Institute of Adult Education have participated in this.

To say that every Tanzanian must participate actively in nation building means that every Tanzanian must be involved fully in the policies of the country, and participate in policy-making as well as in the implementation of the policies. Hence:

a) he must be made politically aware

b) he has to be effectively productive in whatever he does in order to improve his standard of living.

After the Arusha Declaration, the question of the illiterates became preeminent. How can the country expect the masses to participate actively in their state of illiteracy? The answer to that was to educate them - hence the intensification of the adult literacy campaign. 1970 was declared a year of Adult Education in Tanzania, and massive programmes were formulated and put into action. The whole concept of literacy work is being conducted on the 'functional concept basis' - that is, it must be related to the environment and needs of the people in the country.

How did this then affect the position of Kiswahili? Being a lingua franca, Kiswahili had been used as the language for literacy work even before independence. However, intensive and more serious work came after the Arusha Declaration. Various manuals in Kiswahili have been published and others are in the process of being written. The materials for use in adult education are of a diversified nature in order to cater for the functional concept. For instance, where the people's occupation is cotton growing, the basic manual they use would deal with cotton growing. Likewise in the rice, maize and coffee growing areas, the manuals would reflect these needs. However, there are some materials which are basic to all, such as those on political and health education.

A lot of research has gone into the production of these materials. For example, research on the most effective vocabulary had to be carried out and is on-going. The books are published in simple language which conveys the message in the most effective way. The teaching of adults and the production of the various materials written in Kiswahili need to be viewed as contributory factors to the development of this African language and its increasing use in education.

The use of Kiswahili at secondary school and university levels

Kiswahili is taught as a subject and is examined at both Form IV and Form VI national examinations. It is officially the medium of instruction for only two subjects: Political Education and Kiswahili itself. Unofficially however, Kiswahili is used in teaching other subjects when, for example, the students have difficulty in understanding explanations in English. In some cases the language is unconsciously used as a medium of instruction. In other words one could say that at secondary school level, Kiswahili is gaining momentum as a vehicle in education.

The question of using Kiswahili as the official medium of instruction in secondary schools is under discussion. Hopefully the change will come one day. However, educational planners in Tanzania are convinced that such a change must be carefully planned before it is effected. At the moment it is difficult to implement the change on two main grounds. One, because Tanzania still recruits its teachers from other parts of the world and these teachers are not Kiswahili speakers. Two, because almost all the subject books are in English. If the change is to be meaningful the books will have to be written in Kiswahili.

It is however worth mentioning here that besides these two reasons for not changing the medium into Kiswahili, there is an exaggeration of the situation. The real problem does not lie in the use of Kiswahili as a language per se. The main problem lies in the use of scientific and technical terms. It is always claimed that it would be difficult to use Kiswahili as a medium of instruction because it lacks these terms. The counter argument to this claim needs to be seen through the history of the well known world languages such as English and French. The same problems were experienced, nevertheless, efforts were made to solve them. The same process used in establishing scientific and technical terms in English, for example, can be applied in developing such terms in African languages. If, for example, the words oxygen, enzyme and biology are not originally from the English language but are now accepted as being English, there is no reason why Kiswahili should not adopt them and perhaps just modify their structure. In fact this is what is happening now, for Kiswahili has already adopted and adapted such words as *biolojia* 'biology', *fizikia* 'physics', *kemia* 'chemistry', *mofimu* 'morpheme', *fonimu* 'phoneme', *aljebra* 'algebra', and many others.

Although the argument seems to be in favour of adopting and adapting vocabulary which is already international, there is also an argument in favour of creating scientific words from local sources, that is, from the language itself and from other indigenous languages surrounding it, in the same way as we have managed to get such words as *bunge* 'parliament', *mbunge* 'member of parliament', *ubunge* 'parliamentary membership', *ikulu* 'state house', *nembo ya taifa* 'court of arms', *petemwaka* 'annual ring' (in biology) etc.

However, there is an argument to be made against the adoption of words from local sources. Those against claim that the words do not convey exactly the meaning conceived within the European words. Linguistically, this argument is not sound. The word *petemwaka* for example, has been coined by using the compounding process, by joining the word *pete*, which simply means 'ring', to the word *mwaka*, which means 'year'. This is as good and appropriate as the term 'annual ring', which is made up of the words 'annual' (year) and 'ring'. An argument against the Kiswahili terminology in this case is simply a matter of attitude and is by no means a linguistic one.

In subjects like biology, geography, zoology, botany, etc., the studies are very much linked to the natural environment of the area where the studies take place. There is no reason why, for example, common names of plants and animals familiar to the students in the respective areas should not be adopted in these studies if they can serve the intended purpose. The adoption of local words in addition to the adoption of recognised international vocabulary need not be regarded as forces against each other, but instead as forces that complement each other.

Another argument in favour of using European languages in secondary and higher education is based on the question of opportunities for further studies available outside Tanzania. It is claimed that the adoption of Kiswahili as a medium of instruction at secondary and university level would mean denying the people of Tanzania such opportunities. Although it is true that English is a world language, it is equally true that Tanzania is not sending her students to English speaking countries only. Some students are sent to Germany - both East and West - Russia, Finland, France and other countries. These students are required to learn the languages of these countries before they can actively engage in the studies they are supposed to pursue. This therefore invalidates the argument advanced. Furthermore, the language policy in Tanzania states that she will continue to teach English and other relevant European languages for many years to come. Hence the argument that the lack of English would act as an obstacle to further studies abroad should not really be put forward.

At university level, the situation is more or less the same as it is at secondary school level. In 1970, a full fledged Department of Kiswahili was established. It teaches linguistics and literature. The language itself is used as the medium of instruction. The problem of terminology, especially in the subject of linguistics, cropped up but is being tackled successfully. The Department prepares the students for teaching in secondary schools. Then there is the Institute of Kiswahili Research of the University which has been conducting research into Kiswahili for many years. The research findings have greatly contributed to the steady development of the language.

This paper would be incomplete without a mention of the work of the Kiswahili Panels of the Institute of Education. These Panels are responsible for curriculum planning for Kiswahili as a subject in primary and secondary schools and Teacher Training Colleges, and for reviewing the syllabuses from time to time. There are also other agencies such as the National Kiswahili Council and UKUTA which, needless to say, have a functional role in the overall development of Kiswahili.

Conclusion

The last decade has witnessed some progress in the development of Kiswahili as a tool for education. The success attained must be attributed to a reasonably high degree of co-operation that has been established by all the agencies concerned.

Lastly, it must be stated here that the present period is very crucial to Kiswahili, as its development is also related to the role it can play in modern secondary and higher education. Unfortunately, this paper cannot go beyond the bounds of speculation. Nevertheless, if Education for Self-Reliance is to reflect Tanzania's true aspirations, then I am happy to say that this African language, namely Kiswahili, has a great future. However, much will depend on the policy makers in Tanzania.

REFERENCES

Fishman, J. (ed.) *Advances in the Sociology of Language* Parts I & II. The Hague: Mouton.
Mhina, G.A. 1975 *Language Planning in Tanzania - Focus on Kiswahili*. UNESCO.
────── 1975 *Language Planning for Literacy Work in Tanzania. A Case for Kiswahili*. Dissertation, Edinburgh University.
────── 1975 *Looking at the Problems of Teaching Kiswahili in the Secondary Schools in Mainland Tanzania*. M.A. thesis, University of Dar es Salaam.
Nyerere, J.K. 1967 *The Arusha Declaration*. Dar es Salaam.
────── 1967 *Education for Self-Reliance*. Dar es Salaam.

Résumé

L'EMPLOI DU KISWAHILI DANS L'ENSEIGNEMENT: L'EXPERIENCE TANZANIENNE

L'auteur étudie les problèmes que pose l'emploi des langues africaines dans l'enseignement. Il prend l'exemple de la Tanzanie, en analysant les conditions qui ont précédé la situation actuelle. Le tournant décisif n'a pas été pris au moment de l'indépendance, mais grâce à la *Déclaration d'Arusha* et à *Education for Self-Reliance*. Le kiswahili est devenu l'instrument de la pédagogie dans les écoles primaires, et l'auteur examine l'évolution de la langue qui résulté de ce fait. Il étudie également l'utilisation éventuelle du Kiswahili à d'autres niveaux de l'enseignement.

REFLEXIONS SUR LES METHODES ET MATERIAUX D'ENSEIGNEMENT DE LA LECTURE AUX ADULTES MOSSI[1]

NORBERT NIKIEMA

0.0   *Introduction*[2]

Publié avec le concours financier de l'UNESCO, le nouveau syllabaire moore intitulé *Mam Karemdame* 'Je sais lire' a connu un très grand succès. Les 4000 exemplaires du premier tirage ont été diffusés à travers tout le pays. *Mam Karemdame* est ainsi un des plus importants matériaux d'instruction dans les campagnes d'alphabétisation des adultes Mossi. Comme l'auteur de la préface le faisait remarquer, cet ouvrage est "le fruit d'une longue expérience au contact de spécialistes de la linguistique moderne et de la linguistique africaine... [et] les critiques constructives ne manqueront pas d'apporter beaucoup à la connaissance et à l'utilisation du moore". Les remarques qui suivent ont été faites dans cet esprit.

Mam Karemdame joue un double rôle: il est, d'une part, l'application et la vulgarisation des principes d'orthographe du moore et, d'autre part, un important instrument d'instruction. La présente discussion portera sur ces deux thèmes. Nous examinerons d'abord quelques problèmes dans l'orthographe du moore. Le premier, d'ordre sociologique, concerne le choix d'un dialecte pour servir de base à la représentation orthographique. Seront ensuite abordés les problèmes touchant à la représentation des voyelles, en particulier, la notation des diphtongues et de l'allongement vocalique. La deuxième partie du texte est consacrée à l'aspect pédagogique du matériel présenté dans *Mam Karemdame*: méthode d'enseignement, choix de mots et style, et se termine sur une note soulignant la nécessité d'intégrer les efforts d'alphabétisation dans le cadre plus grand des plans et projets de développement national.

1.   *Les langues vernaculaires comme langues d'instruction*

Un point sans importance à première vue mais qu'on ne peut passer sous silence est le fait qu'à part la préface de M. Tamini, *Mam Karemdame* est écrit tout entièrement en moore. Mais ne va-t-il pas de soi qu'il en soit ainsi? Peut-être bien. Mais dans un contexte où savoir lire et écrire signifie d'abord savoir lire et écrire *en français*, on ne peut que louer les efforts du Frère Bunkungu à faire des langues vernaculaires en général et du moore en particulier un moyen d'instruction et d'éducation des masses.

L'attention portée sur les langues vernaculaires s'est souvent bornée, jusqu'à une date récente, à la traduction de la bible, du catéchisme ou des

parties de la messe pour une instruction religieuse qui n'a jusque là
touché qu'une faible portion des masses indigènes. Le nombre de lettrés
reste insignifiant dans bien des pays africains (cf. un tableau très révélateur à ce sujet dans Foster 1971: 588), celui des lettrés en langue vernaculaire encore plus dérisoire. Il faut également noter qu'à part l'effort
des missionnaires chrétiens les autorités civiles, du moins en territoire
français durant la période coloniale, n'ont pratiquement rien fait pour les
langues vernaculaires, étant donné que toute instruction était en français.

Les conséquences d'une telle politique ont été désastreuses. Cela se
voit d'abord dans la carence d'ouvrages linguistiques sérieux sur les langues
locales. Les analyses scientifiques valables du moore se comptent sur les
doigts. En fait il a fallu attendre jusqu'en 1953 (un demi siècle après la
colonisation) pour que l'oeuvre colossale du R.P. Alexandre soit publiée.
(Houis 1971, 1972, offre une exposition succincte et fort intéressante sur
le développement de la recherche en linguistique africaine).

Mais peut-être plus important encore que la carence de descriptions
linguistiques est le changement d'attitude des masses envers les langues
vernaculaires. S'il est vrai que les premières écoles ou centres d'instruction ont eu peu de popularité auprès des masses indigènes, la situation a
vite changé lorsque les premiers autochtones titulaires du Certificat d'Etudes se virent attribuer les premiers postes dans l'administration et dans
l'enseignement public. L'éducation européenne, la capacité de lire, écrire
et parler le français devinrent un moyen sûr d'accéder à un plus haut statut
dans la société. Non seulement s'extasie-t-on d'admiration devant l'étudiant
qui sait manier la langue française ou anglaise[3], mais on en est même venu,
sinon à mépriser les langues vernaculaires, du moins à en développer des
conceptions fort erronées. Ainsi, lorsqu'on parle d'utiliser ces langues
comme moyen d'instruction des masses, et surtout lorsqu'on suggère de les
introduire même dans l'enseignement formel primaire, on se heurte aux oppositions les plus violentes. Calvet (1971: 277) rapporte d'une étude faite au
Sénégal que:

> L'opposition vient tous les côtés... de la part d'un grand
> nombre de gens... à deux niveaux: au niveau populaire, les parents
> qui, au prix de gros sacrifices, ont pu envoyer leurs enfants à
> l'école veulent pour eux une instruction en français et non un
> enseignement "au rabais" dans leur langue maternelle. De telles
> personnes ne voient souvent pas à quoi pourrait bien servir un
> enseignement primaire dans la langue maternelle, étant donné que
> c'est la maîtrise de la langue française et, conjointement,
> l'obtention des diplômes, qui ouvrent la porte du succès. A un
> niveau plus élevé (parmi les fonctionnaires, enseignants, ingénieurs
> médecins, magistrats et officiés façonnés dans le moule du système
> d'éducation français), on enregistre de la confusion sinon de la
> répugnance à l'idée que... leur propre langue maternelle puisse un
> jour devenir une langue écrite, la première langue d'instruction à
> l'école, voire même la langue nationale. [Traduction libre][4]

Il faut voir dans l'attitude du Frère Bunkungu un vaillant effort pour
combattre de telles conceptions erronées mais hélas si répandues.

2.0 *L'orthographe du Moore*

2.1 *Les fondements théoriques de l'orthographe dans Mam Karemdame*

2.1.1. Choix de dialecte

Le morcellement des langues en dialectes a souvent été une source de difficultés pour les faiseurs d'alphabet. Dans le cas particulier du moore, les principaux dialectes semblent mutuellement intercompréhensibles. Cependant de nombreuses différences phonétiques demeurent. Quel dialecte donc choisir comme base dans la représentation orthographique? En effet, proposer une orthographe pour une langue donnée revient bien souvent à établir un modèle à imiter et des règles à respecter et on doit se décider à choisir un, quelques uns ou tous les dialectes de cette langue comme formes valables devant être reflétées dans l'orthographe.[5] Il existe plusieurs critères de choix.

On peut par exemple choisir comme référence dans la notation orthographique le dialecte le plus répandu, c'est-à-dire celui de la majorité. L'avantage d'une telle approche est que la plupart des locuteurs reconnaîtront leur propre parler dans le texte écrit. La minorité se sentira probablement moins à l'aise et, selon l'importance de l'influence politique ou sociale qu'elle peut exercer elle opposera une résistance plus ou moins forte au système d'orthographe proposé. Voilà en tout cas un premier choix possible.

On peut également mettre l'accent sur des critères psychologiques et choisir comme modèle le dialecte le plus prestigieux, cela dans l'espoir que la masse approuvera le système orthographique proposé, étant donné que les locuteurs d'une langue donnée tendent à préférer ou à vouloir utiliser davantage le dialecte le plus tenu en prestige. (Témoin les études rapportées dans Labov 1972 par exemple). Une telle orthographe peut avoir de fortes chances de succès. Cependant dans la mesure où les structures grammaticales du dialecte le plus tenu en prestige s'écartent de celles des autres dialectes, un grave problème d'apprentissage pourrait bien surgir.

Un certain nombre de planificateurs linguistiques semblent supposer qu'un choix dans l'une de ces deux directions mentionnées jusque là s'impose dans tous les cas. Ainsi Tauli (1968: 129) écrit:

> Par définition une orthographe phonémique ne peut représenter plus d'un dialecte à la fois si les différences qui les séparent se situent au niveau phonématique. Ainsi, une orthographe standard doit nécessairement être basée sur un seul parler, que ce soit un parler standardisé ou un dialecte culturellement ou politiquement dominant.

Mais même si l'on passait de vue l'ambiguïté du terme "phonémique" il semble bien que les limitations de l'instrument dont Tauli se sert - une certaine théorie linguistique notamment - l'aient poussé à imposer une certaine politique linguistique (en l'occurrence, le choix d'un seul dialecte parmi tous les autres pour servir de base à la représentation orthographique) comme étant la seule possible.

Il existe cependant un troisième choix possible et qui demeure tout aussi légitime que les deux premiers: selon la nature et l'importance des divergences dialectales dans un contexte linguistique donné il peut s'avérer recommandable d'élaborer un système orthographique qui intègre plusieurs dialectes. Dans ce cas la représentation orthographique reflètera plus clairement tantôt tel dialecte, tantôt tel autre. Mais l'orthographe demeurera la même pour les locuteurs des divers dialectes, bien que les règles d'interprétation requises pour passer du texte écrit à la forme parlée puissent devoir différer d'un dialecte (ou d'un idiolecte) à l'autre. Un tel système est plus apte à servir comme élément d'unification sur le plan national par exemple.

Le faiseur d'orthographe doit se rendre compte de toutes ces possibilités de choix. Une décision dans une direction ou dans l'autre dépendra des buts que les planificateurs linguistiques se seront fixés. Il devient ainsi évident que le choix d'un certain système orthographique reflète nécessairement (plus ou moins directement bien sûr) une certaine politique linguistique.

Pour revenir à *Mam Karemdame*, nous remarquerons qu'il est parfois difficile de discerner la politique linguistique suivie dans certaines des notations orthographiques proposées. Nous reviendrons plus tard sur ce point. Nous pensons quant à nous que la grande compréhension mutuelle qui existe entre les divers dialectes du moore rend le troisième choix très recommandable. Non seulement serait-il alors possible d'élaborer un système qui s'adresse à un plus grand nombre de locuteurs, mais on éviterait également l'inconvénient de devoir exiger de ceux qui apprennent à lire et à écrire qu'ils assimilent à la fois le code orthographique et un dialecte qu'ils ne parleraient pas nécessairement. Examinons maintenant les principes d'orthographe suivie dans *Mam Karemdame*.

2.1.2. *Principes d'orthographe suivis*

Bunkungu (1971) a lui-même présenté les principes de base à suivre dans l'élaboration d'une orthographe.

L'orthographe doit répondre à trois soucis:

1°/ - *Souplesse pratique*: il s'agit en effet de donner aux lecteurs le moyen de réaliser une prononciation telle que ce qui est lu soit immédiatement compris (sous réserve d'un apprentissage) par toute personne qui a l'usage de la langue;

2°/ - *Cohérence structurale*: il s'agit de donner une image ou forme graphique des mots et des énoncés qui soit conforme aux principes qui règlent la structure et le fonctionnement de la langue;

3°/ - *Cohérence générale*: il importe aussi que les principes d'orthographe concernant les lettres, les mots et le découpage morphologique des mots dans l'énoncé soient conformes aux règles qui ont été adoptées pour d'autres langues africaines, dans la mesure où cela n'est pas contraire à la cohérence structurale. Ce souci permet de réaliser une certaine unité en ce qui concerne l'orthographe, la description et la pédagogie des langues, donc, de réaliser également une certaine économie dans la recherche et dans l'enseignement (p. 3).

On peut très bien accepter ces principes sans pour autant savoir comment les mettre en pratique. Par exemple, que faut-il faire pour assurer que ce qui est écrit sera également facile à prononcer? Quels aspects des structures d'une langue doit-on refléter dans l'orthographe? Nous avons proposé ailleurs (cf. Nikiéma, 1976) des suggestions pratique dont l'utilité peut être testée par les faiseurs d'orthographes.

Le système présenté dans *Mam Karemdame* est la révision d'un autre système moins adéquat qui souffrait de l'influence de l'orthographe du français. (Des transcriptions telles que *Ouagadougou*, *Gunghin*, *Moro Naba* sont les reliquants de l'ancien système). La nouvelle orthographe est presque phonémique en ce sens que chaque symbole représente en principe un seul son. Une liste des symboles figure à la page 32 du livret: 22 lettres en tout, cinq pour les voyelles et 17 pour les consonnes: a, b, d, e, f, g, h, i, k, l, m, n, o, p, r, s, t, u, v, w, y, z. Ce sont donc les symboles de l'alphabet latin, c, j, q, et x étant exclus. Deux signes diacritiques sont utilisés: [ˇ] pour marquer le relâchement dans les voyelles de deuxième aperture /I/ et /U/ (comme dans *tǐ* 'et', par opposition à *ti* 'ériger') et l'ouverture de la voyelle dans des mots comme *pěela* [pɛːla] 'blancs'. [ˆ] est la marque de la nasalisation (comme dans *kô* 'donner', par opposition à *ko* 'cultiver'). L'allongement vocalique (qui n'a de valeur distinctive qu'à la surface: cf. Peterson 1971, Nikiéma 1974, 1975, 1976) est noté en redoublant la voyelle en question: ee=[eː] et toute modification du timbre de la première voyelle dans une séquence de voyelles par un symbole diacritique s'exerce également sur les voyelles adjacentes à droite du signe: e.g. *bǎaga* [bãːga] 'maladie'; *pǐuuge* [pIUːge] 'traverser'. Le système est donc remarquable pour son économie et sa simplicité.

2.2.0. *Difficultés*.

Quelques problèmes restent cependant à résoudre. Le lecteur attentif rencontre assez souvent un certain nombre de faits dont le système ne rend pas compte de façon satisfaisante. La représentation des consonnes pose peu de problèmes (voir cependant Nikiéma, 1976: ch. IV). Nous nous concentrerons donc sur la notation des voyelles.

2.2.1. *Le problème des diphtongues*.

Nous examinerons de près deux pratiques orthographiques: (a) la décision dans *Mam Karemdame* de faire une distinction dans l'orthographe entre des diphtongues dites de base et des diphtongues dérivées par des règles d'épenthèse (b) la notation *ě* pour représenter les groupes *ea* et de temps à autre pour *ae*.

    a) *Voyelles ou semi voyelles?*

Aux pages 33 et 34 de *Mam Karemdame*, Bunkungu a essayé d'enseigner les différences de notation que voici:

    A. aw = au
        1. *bawre*   'grenier'
        2. *wauga*   'sac'

    B. ao
        3. *raogo*   'morceau de bois'
        4. *vãogo*   'feuille'

    C. ew
        5. *kewbo*   'action de récompenser'
        6. *sěwbo*   'action de bourrer'

    D. eo
        7. *peogo*   'panier'
        8. *meogo*   'rhume'

Dans ces mots, *ao* et *eo* représentent des groupes de voyelles crées par une règle d'épenthèse que l'on pourrait formaliser ainsi:

9. Epenthèse: $\emptyset \rightarrow o \,/\, (V) \begin{Bmatrix} i \\ I \\ e \\ a \end{Bmatrix} \text{---} C_o + (CV)_o \text{-- go } \#$

En prose, cette règle est une instruction d'insérer la voyelle *o* de suffixe après les voyelles radicales, i, I, e, a, (c'est-à-dire les voyelles non arrondies) dans les mots se terminant par le suffixe *go*. On peut illustrer l'application de la règle 9 avec des mots comme:

10.	dĩungu	Forme de base			dĩm-go	'royaume'
11.	viuku	"	"	"	vig-go	'souche'
12.	zIUsgo	"	"	"	zIs-go	'lourd'
13.	peosgo	"	"	"	pes-go	'mouton'
14.	bãongo	"	"	"	bãn-go	'circoncision'
15.	saeoglego	"	"	"	saeg-le-go	'action de faire la cuisine'
16.	goeo:go	"	"	"	goe-go	'faucille'
17.	KUIU:ngo	"	"	"	kUI-me-go	'paresse'
18.	zũiu:sgu	"	"	"	zũi-se-go	'action de fouiller'

On peut se rendre compte à partir de ces exemples que les voyelles radicales non arrondies se transforment par harmonie vocalique en une diphtongue dont le second élément est identique à la voyelle du suffixe *go*. Des phénomènes d'assimilation en aperture se produisent également sur lesquels nous n'allons pas nous appesantir. (Cf. Nikiéma 1974 et surtout 1976 pour une description beaucoup plus détaillée de l'épenthèse et des assimilations). La règle d'épenthèse 9 crée les diphtongues *iu*, *IU*, *eo* et *ao* appelées diphtongues dérivées. Il existe par contre d'autres diphtongues dites de base qui "font partie intégrante du radical" (Naré, 1968: 11) et ne résultent pas de la règle d'épenthèse. Celles-là se rencontrent par exemple dans des mots tels que:

19. *bao:re*   'grenier'
20. *nao:re*   'pied'
21. *keo:bo*   'action de récompenser'
22. *fĩu:bu*   'action de couper'

Bien qu'il n'existe à notre avis aucune différence phonétique entre les diphtongues dérivées par épenthèse et celles dites de base, on a décidé de les distinguer dans l'orthographe et c'est cette distinction que Bunkungu a essayé d'enseigner aux pages 33 et 34 de *Mam Karemdame*. En pratique on écrit donc *eo*, *ao*, etc... quand la diphtongue est créée par la règle 9, et *ew*, *aw* ou *au*, etc... lorsque l'épenthèse n'est pas responsable de la diphtongaison. Mais essayer d'enseigner aux gens à faire une distinction entre ces deux sortes de diphtongues pour la simple raison que les unes sont dérivées et les autres de base constitue, à notre avis, une façon de compliquer gratuitement les tâches d'apprentissage déjà si nombreuses que les nouveaux lettrés doivent surmonter et nous apparaît très peu recommandable.

La décision de transcrire certaines voyelles *ew*, *aw*, etc... et d'autres *eo*, *ao* etc... ne permet pas non plus de marquer l'allongement vocalique de façon claire et cohérente. Il s'ensuit que certaines oppositions cruciales entre voyelles brèves et voyelles longues ne peuvent pas être reflétées dans l'orthographe. Prenons par exemple les verbes:

23. *keo*   'récompenser', noté *kew*
24. *bao*   'chercher'   noté *baw*

On peut utiliser ces mots dans des phrases telles que:

25. *a bao*   *lìgdì*   'qu'il cherche de l'argent'
    il cherche (imp.) argent
26. *a bao:*   *lìgdì*   'il a cherché de l'argent'
    il a cherché   argent
27. *a keo*   *bi:gã*   'qu'il récompense l'enfant'
    il récompense (imp.) enfant
28. *a keo:*   *bi:gã*   'il a récompensé l'enfant'
    il a récompensé   enfant

Les notations *aw* et *ew* ne permettent pas de refléter ces oppositions dans l'orthographe.

Devant toutes ces difficultés tant du point de vue pédagogique que pratique, nous recommandons l'abandon des transcriptions *aw*, *ew*, etc..., et l'utilisation exclusive des notations *ao*, *eo*, etc... pour *toutes* les diphtongues, dérivées ou de base.

b)   *La notation è*

En moore le son [ɛ] résulte dans la plupart des cas de la contraction, dans certains parlers, des groupes *ae* ou *ea*. Par exemple les mots que l'on pourrait transcrire phonologiquement 29. /nae/ 'tordre' et 30./beada/ 'grands' se prononcent [naj] ou [nɛ], [bjada] ou [bɛda] respectivement, selon les dialectes ou les idiolectes. Cependant on a décidé de représenter le son [ɛ] par *è* dans l'orthographe, la motivation première de cette pratique étant que:

> cette transcription, qui d'autre part correspond à la
> prononciation d'un très grand nombre de gens, permet d'éviter
> l'accumulation de 4 voyelles successives dans un même mot,
> (UNESCO 1968: 9).

Notre décision en faveur d'un système orthographique utilisable par le plus grand nombre possible de gens nous pousse à considérer comme très important tout argument basé sur le nombre de locuteurs touchés par une certaine décision orthographique. Il reste cependant que la notation *è* ne reflète que la prononciation dans les parlers de Ouagadougou et alentours. Pour les locuteurs d'autres dialectes (ceux de Koupéla et de Ouahigouya en particulier) la règle est de prononcer [aj] ou [ja] selon les cas. Il nous semble donc évident qu'une meilleure décision serait de représenter les groupes de voyelles *ae* ou *ea* et non le résultat de leur contraction car, comme le note très bien Houis (1960: 53) "les contractions sont plus ou moins établies et liées à des usages dialectaux, alors que les diphtongues représentent en quelque sorte une norme".

Une objection que l'on pourrait faire à la suggestion d'écrire les groupes de voyelles plutôt que *è* serait qu'il deviendrait alors difficile de savoir quand utiliser *ae* et quand *ea*. Bien qu'il soit possible que cette difficulté soit plus grande pour les locuteurs qui prononcent [ɛ] dans les deux cas, on remarquera que la distribution des groupes *ea* et *ae* est, essentiellement,

31. $\begin{cases} ea / \underline{\quad} \ldots a\# \\ ae \text{ partout ailleurs} \end{cases}$

Malgré les quelques exceptions (cf. les formes 32-34 ci-dessous) qui nécessiteraient que l'orthographe de certains mots soit apprise par coeur, il nous semble que les avantages à écrire les groupes de voyelles l'emportant sur les inconvénients de devoir apprendre leur distribution (largement complémentaire d'ailleurs).

La pratique d'écrire è pour [ε] n'est d'ailleurs pas suivie avec rigueur. Ainsi à la page 32 de *Mam Karemdame* les notations ci-dessous sont admises comme étant équivalentes.

  32. *kaege* = *kèege*   'faire bouillir'
  33. *baela* = *bèela*   'un instrument de musique'
  34. *zaega* = *zèega*   'aire'

Pour d'autres mots cependant, seule la notation *ae* est permise sans qu'il ne soit possible de déterminer quand utiliser ou ne pas utiliser è. Si la suggestion faite par Houis et recommandée ici était suivie, ce genre de variation ne serait plus admis.

La proposition d'écrire *ea* ou *ae* plutôt que è présente un autre avantage. Elle permet en particulier d'éviter le recours à un signe diacritique (l'accent grave) pour marquer le son [ε]. On notera en effet que l'accent grave n'est pas porté par une touche à part sur les machines à écrire ordinaires utilisées dans nos pays, si bien que ce signe doit être mis à la main. Cette pratique ne fait que ralentir la production du matériel écrit en moore au risque d'en élever le coût. Nous recommandons donc encore une fois l'abandon de la notation è.

Le second argument en faveur de la notation è a été qu'elle permet d'éviter l'accumulation de quatre voyelles successives. Cette difficulté tient du fait que l'allongement vocalique est noté par le redoublement de la voyelle à allonger. Ainsi *ba:ga* 'chien', s'écrit *baaga*. Si la voyelle à redoubler fait déjà partie d'un groupe de deux ou trois voyelles cette pratique conduit en effet à des représentations inélégantes dont la lecture est peu aisée, comme dans

  35. *boaeega*   pour   [bwε:ga]   'bouc'
  36. *leaooga*   pour   [lεɔ:ga]   'hameçon'

Pour éviter cette difficulté nous proposons une convention différente pour la notation de l'allongement vocalique. Nous aborderons immédiatement ce problème.

2.2.2. *La représentation orthographique de l'allongement vocalique*

L'allongement vocalique n'est pas noté dans tous les mots. On trouve dans "Comme Ecrire Correctement le Moore" (UNESCO 1968: 9), les principes à suivre en la matière - principes appliqués dans *Man Karemdame*.

> Dans l'écriture on ne *marque la longueur* que lorsqu'elle est *indispensable*, c'est-à-dire, a) *lorsque l'allongement a une fonction grammaticale* (a *lui taore* "qu'il passe devant"; a *luii taore* "il a passé devant"); b) lorsque l'absence d'allongement entraînerait une *confusion* ou rendrait difficile la *compréhension* d'un mot. *moaaga* "originaire du moogo"; *moaga* "humide"; *noaaga*, "gallinacé"; *noaga* pas de sens (p. 9).

A l'analyse, ces principes s'avèrent plutôt vagues et leur mise en pratique fort malaisée. En ce qui concerne le principe a) par exemple, il semble très peu probable que l'homme de la rue discernera avec la précision requise la dite "fonction grammaticale" de l'allongement vocalique. Le principe b) est encore moins recommandable. D'une part aucun locuteur ne connait tous les mots de sa langue. La confusion peut ainsi surgir à tout moment. Il est également possible que le lecteur trouve ambigü (et donc source de confusion) un mot (ou même une phrase) où l'auteur n'avait vu qu'un seul sens, et on ne peut exiger que celui qui écrit compute tous les cas d'ambiguité avant de décider s'il doit ou non marquer l'allongement vocalique. En ce sens donc, ce principe ne peut être appliqué avec rigueur par qui que ce soit.

Le caractère arbitraire de cette pratique peut être démontré par un exemple. Soit le mot *taore* 'devant' où la diphtongue prononcée [ao] ou [ɔː] est normalement longue. Selon le principe b), on peut écrire *taore* parce qu'il n'y a pas d'autre mot *taore* où la voyelle serait brève. Mais on a affaire à la même situation dans le cas de *noaaga* 'gallinacé'. On pourrait très bien écrire *noaga* et il n'y aurait aucun risque de confusion, car il n'y a pas, en contraste, de mot *noaga* dans lequel la voyelle serait brève. (*noag a* 'ramasse-le' s'écrit en deux mots et ne peut en aucun cas être confondu avec le mot pour 'gallinacé'). Il apparaît donc que la décision d'écrire *taore* au lieu de *taoore*, *noaaga* au lieu de *noaga* est tout à fait arbitraire. La même observation vaut pour l'orthographe des mots des pages 35 et 36 de *Mam Karemdame*.

Il semble donc impossible ou du moins très difficile d'isoler les cas où l'allongement vocalique doit être marqué et ceux où l'on peut s'en dispenser. Pour permettre de lever les nombreuses ambiguités qui résultent de la présente pratique, nous recommandons que l'allongement vocalique soit marqué dans tous les mots où il se manifeste. Et pour éviter l'accumulation de quatre voyelles à la suite dans le même mot tout en mettant à la disposition de tous les usagers un moyen sûr de noter l'allongement sans difficulté, nous proposons que h soit utilisé à cet effet dans les conditions que voici: h marque l'allongement vocalique a) quand il suit immédiatement une voyelle et termine le mot. h conserverait sa valeur de consonne fricative dans tous les autres cas, c'est-à-dire, quand il apparaît soit en début de mot, soit *après* une consonne, soit en position intervocalique. Pour être plus clair nous formalisons cette convention comme suit:

37. $h \longrightarrow \begin{Bmatrix} [:] / & V \quad \text{-----} \quad \begin{Bmatrix} C \\ \# \end{Bmatrix} \\ [h] / & \begin{Bmatrix} C \\ \# \end{Bmatrix} \quad \text{-----} \\ & V \quad \text{-----} \end{Bmatrix}$

(où C représente toute consonne, V toute voyelle, # une frontière de mot et [:] l'allongement).

Cette convention est basée sur le fait que /h/ et les voyelles longues sont en distribution complémentaire en moore: les voyelles longues apparaissent seulement soit en fin de mot (surtout dans les idéophones), soit devant une consonne en position médiane. De plus il n'y a jamais de voyelle après une voyelle longue[7] si bien qu'en position intervocalique h ne peut avoir que sa valeur de fricative. Le phonème /h/ ne se rencontre qu'à l'initiale et en position intervocalique ou immédiatement après une autre consonne. On ne le trouve d'ailleurs que dans quelques mots empruntés à l'arabe (cf. l'étude de Canu, 1968).

L'adoption de cette suggestion résoudrait la foule de difficultés mentionnées plus haut: l'allongement vocalique serait noté dans toutes ses occurrences, évitant ainsi le caractère arbitraire de la présente notation; le problème d'accumulation de quatre voyelles ne se poserait plus, puisque le grand maximum de voyelles permises à la suite l'une de l'autre serait exactement trois. (Le présent système admet d'ailleurs des séquences de trois voyelles). La liste de mots ci-dessous suffira à illustrer comment la convention peut être appliquée.

Prononciations	*Notations orthographiques proposées*
38. swa:mba	soahmba
39. pɛ:la, pja:la	peahla
40. ninkɛ:ma	ninkeahma
41. wɔ:ngo, wao:ngo	waohngo
42. halha:le	halhahle
43. lohorem	lohorem
44. nwa:ga	noahga
45. tɔ:re, tao:re	taohra

3.0 *Mam Karemdame comme manuel de classe*

3.1 *Méthode d'enseignement*

La correspondence entre symbole et son est si grande dans le système orthographique suivi dans *Mam Karemdame* que l'enseignement de la lecture est considérablement facilité. Point n'est besoin de recourir à des aide-mémoires du genre ITA (*Initial Teaching Alphabet*) utilisés pour l'enseignement de l'orthographe de l'anglais par exemple.

Ce qui frappe d'abord c'est le caractère systématique de la présentation. Les 41 leçons se succèdent par ordre croissant de difficulté, introduisant d'abord les symboles des voyelles simples puis ceux des voyelles portant un signe diacritique et enfin les diphtongues. Le symbole introduit dans la leçon est écrit en rouge pour attirer et retenir l'attention de l'élève.

Les leçons combinant également les exercices de lecture avec les exercices d'écriture. Dans cette dernière pratique l'élève apprend à écrire le nouveau symbole en recopiant plusieurs fois un mot-clé lui-même contenant les symboles appris dans les leçons précédentes. Il est à noter cependant que savoir écrire une langue signifie bien plus que de connaître et savoir former les symboles de l'alphabet. On connaît bien des bilingues qui utilisent l'alphabet à longueur de journée mais qui ne savent pourtant pas écrire leur langue maternelle correctement. On peut donc regretter qu'il n'y ait pas de leçon qui aborde des problèmes importants tels que la division des mots ou la ponctuation par exemple.

La méthode d'enseignement suivie dans *Mam Karemdame* requiert que l'élève apprenne à la fois le symbole, le son qu'il représente et le nom du symbole ou de la lettre de l'alphabet. On lui demande en effet de répéter, e.g. p. 14,

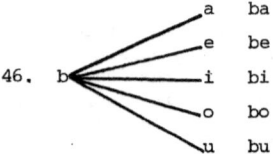

Il faut remarquer que la nouvelle combinaison de sons peut n'avoir aucun sens. Ainsi *bo* et *bu* ne veulent rien dire quelque soit le ton utilisé; *ba*, *be* et *bi* n'ont de sens que prononcés avec un ton haut. L'accent est donc davantage placé sur l'apprentissage de la valeur phonétique des symboles et de leurs combinaisons plutôt que sur l'identification des mots ou des unités de sens. C'est là une pratique qui nous semble dangereuse si elle n'est pas un mauvais service rendu aux élèves, étant donné que pour bien prononcer ou bien lire un mot (ou un texte) il faut avoir au préalable pu reconnaître le mot.

Tous les symboles de l'alphabet nécessaires pour l'orthographe du moore sont présentés dans les 27 premières leçons et mention est faite des quatre lettres c, j, q et x que "les Européens ajoutent" à leur inventaire alphabétique. Les chiffres n'ont pas connu la même présentation systématique cependant, ce qui aurait été souhaitable.

3.2 *Choix de mots et style*

Comme le livret est destiné à l'usage des adultes on peut probablement se permettre une plus grande liberté dans le choix des mots. Il est évidemment nécessaire que les mots des diverses leçons soient tous connus des élèves. Dans un texte de classe de l'importance de *Mam Karemdame* l'idéal aurait été de choisir des mots relativement fréquents en moore et que l'on retrouverait dans tous les dialectes - une espèce de vocabulaire fondamental. Cela aurait l'avantage d'éviter l'intrusion de mots particuliers à un dialecte ou à une région. Malheureusement on ne dispose pas encore d'une telle liste de mots du vocabulaire fondamental.

Le critère qui a conduit au choix de certains mots a ainsi davantage été les sons présents dans le mot, c'est-à-dire la fréquence d'occurrence du symbole introduit dans la leçon dans le mot en question. La leçon 35 (p. 39) par exemple est une présentation de la lettre n parfois prononcé [n], parfois [ɲ] et parfois encore [ŋ]. Il a donc fallu trouver des mots où ces divers sons pourraient paraître. Dans les 76 mots des trois paragraphes de la leçon on peut compter jusqu'à 40 occurrences de la lettres n. Malheureusement cette préoccupation de trouver les sons ou les symboles à enseigner a été satisfaite aux dépens du sens des phrases utilisées dans la leçon. On ne peut que regretter le manque d'enchaînement d'idées conduisant presqu'au non sens et que l'on retrouve dans presque toutes les leçons. C'est sans doute là ce que nous avons de plus important à reprocher au livret. On peut espérer que les adultes n'auront pas trop de difficulté à lire ces passages mais un style plus cohérent aurait sans doute été préférable.

On doit se rendre compte en effet, qu'il est peut-être plus difficile d'enseigner à des adultes qu'à des enfants. Les experts de l'UNESCO font remarquer à ce propos que l'enseignement des adultes requiert des techniques et des matériaux d'instruction spéciaux qui doivent être adaptés aux besoins et à la mentalité d'apprentis adultes. On doit considérer que les intérêts des adultes sont beaucoup plus spécifiques et immédiats que ceux des enfants, ce qui exige que l'on introduise davantage de variété dans le contenu des matériaux de lecture mis à leur disposition (UNESCO 1953).

A cela on peut ajouter que l'enseignement de la lecture, soit à des enfants soit à des enfants soit à des adultes, ne devrait en aucun cas être réduit à l'identification puis à la combinaison des symboles. On pourrait introduire dans les matériaux de lecture mis à leur disposition des éléments ayant une valeur éducative. Il ne serait pas inapproprié par exemple d'introduire de courts passages traitant de problèmes d'hygiène ou de nutrition, de la protection des forêts, la circulation en ville, etc... (Voir d'intéressantes suggestions dans Laubach 1960).

Ces remarques ne devraient pas faire penser que *Mam Karemdame* manque de charme. Tout au contraire! Les illustrations au haut de chaque page (53 dessins sur 43 pages) présentent plusieurs aspects de la vie quotidienne: vie familiale, instruments de travail, animaux sauvages, etc... tout cela dessiné par une main d'artiste. Les dernières pages du livret contiennent les plus belles histoires et légendes que les grands parents aiment à raconter à leurs petits enfants, en particulier les histoires et légendes relatives à la vie à l'origine du monde, à l'apparition de certains phénomènes de la nature tels que les montagnes, etc...

Il faut également mentionner que, contrairement à la pratique qui a prévalu depuis que les missionnaires chrétiens se sont attelés à le tâche d'écrire des ouvrages en moore, *Mam Karemdame* n'est ni un catéchisme ni un livre de piété. Cette neutralité religieuse est certainement la bien venue surtout dans un livre comme *Mam Karemdame* qui est destiné à l'alphabétisation sur un plan national. Les matériaux d'instruction ouvertement religieux s'adressent à un public déterminé, ce qui les rend moins appropriés pour les campagnes d'alphabétisation au niveau national.

Pour toutes ces raisons on ne peut s'étonner de voir que la première édition de *Mam Karemdame* est déjà épuisée. Certaines révisions soit dans le système orthographique, soit dans le contenu des leçons s'imposent. On peut espérer qu'une nouvelle édition contenant de telles révisions pourrait servir comme texte de classe dans les écoles maternelles ou à l'école primaire, ne serait-ce qu'à titre d'expérience.

Pour conclure, on peut dire que *Mam Karemdame* marque l'aboutissement des efforts très louables du Frère Bunkungu pour vulgariser les principes de l'orthographe du moore et mettre à la disposition du public un instrument d'instruction dont le contenu a été méticuleusement programmé et illustré avec goût.

La tâche de vulgariser l'orthographe va de pair avec la nécessité d'éveiller l'intérêt de la masse pour la lecture, de maintenir l'intérêt de ceux qui savent déjà lire en mettant à leur disposition des matériaux de lecture qui les inspirent et les instruisent, la nécessité de recruter et de mieux entraîner davantage d'enseignants pour animer les campagnes d'alphabétisation. L'impression de journaux en langues vernaculaires et une plus grande utilisation de ces dernières à la radio, dans les cours de justice, dans la vie économique du pays, bref, dans la vie nationale en général, s'imposent car sans elles les efforts pour alphabétiser les masses resteront vains. Cela veut dire que pour que les campagnes d'alphabétisation portent leurs fruits, dans l'immédiat aussi bien que dans le futur, il faut que l'alphabétisation soit fonctionnelle. Il est de l'avis des experts de l'UNESCO qu'un adulte ne continuera d'apprendre à lire et à écrire que s'il se rend compte que son alphabétisation contribue largement à améliorer sa vie économique, sociale et culturelle... L'enseignement de la lecture dans le seul but d'alphabétiser n'aura que des résultats éphémères. (UNESCO 1953).

Tout cela appelle une politique linguistique plus rigoureuse et plus révolutionnaire: le pas qui reste à faire serait d'introduire le vernaculaire dans l'éducation formelle primaire. Réserver une instruction en français pour les jeunes et une en langue vernaculaire pour les adultes illettrés c'est continuer à creuser encore plus profondément le fossé déjà grand qui sépare les élites de la masse, c'est créer ou continuer de favoriser une situation d'injustice. Une telle attitude ne pourrait manquer de décourager la masse à participer pleinement dans des campagnes d'alphabétisation qui les relègueraient de toutes façons au rang de citoyen de deuxieme classe. A vrai dire les oppositions de la masse non informée (ou mal informée) aux politiques relatives à l'utilisation des langues vernaculaires viennent peut-être moins d'un mépris de sa part pour ces langues que du fait que ces langues n'ont jusque là pas été utilisées comme il se devrait dans les aspects les plus importants de la vie nationale. "L'utilisation des langues africaines à l'école et pour l'éducation des adultes doit aller de pair avec la possibilité de s'en servir officiellement partout où c'est utile et possible". (Diagne 1971).

Postcriptum

Cet article a été écrit dans le courant de l'été de 1974 alors que l'auteur était étudiant aux USA, et présenté (avec des révisions) au 14ème Séminaire International Africain tenu à Kinshasa (Zaïre) du 13 au 15 décembre 1976. Entre la rédaction et la présente publication dans *Languages and Education in Africa*, bien des choses se sont passées qui méritent d'être mentionnées:

1°/ - *Mam Karemdame* a été révisé et réédité en mars 1974. Cependant, il nous semble que mis à part le réarrangement et l'étoffement de certains chapitres, le fond du livre reste le même, si bien que nos critiques aussi bien que nos éloges restent valables.

2°/ - D'autres livres élémentaires sur l'alphabétisation des adultes ont vu le jour dans les publications de l'OVEA et de l'ONEPAFS (cf. bibliographie générale) et ont été aussi largement diffusés que *Mam Karemdame*.

3°/ - Une révision appréciable du système orthographique du moore a également paru récemment dans un livret de la Sous-Commission du moore après un important séminaire sur l'harmonisation des orthographes; cf. ONEPAFS (1976).

4°/ - Nous avons aussi à notre niveau entrepris un examen beaucoup plus détaillé du système orthographique du moore et avons, en particulier, traité plus à fond du problème des tons, de la séparation des mots, etc... que nous n'avons pas pu aborder ici. (Cf.: Nikiéma 1976). L'état actuel de nos recherches et de notre position en matière d'orthographe est à chercher dans ce travail.

Enfin la mise en application du système orthographique que nous préconisons pour le moore est largement illustrée dans un cours pratique d'initiation au moore en préparation (cf. Nikiéma en préparation).

REFERENCES

Alexandre, G. 1953 *La Langue Mōre*, Tomes I et II. Mémoires de l'IFAN Nº 34, Dakar.
Bunkungu, J.-B. 1971 'L'orthographe en moore', *Notes et Documents Voltaïques* 5 (1): pp. 3-13.
Calvet, M. 1971 'The elaboration of basic Wolof', in W. Whiteley (ed.) *Language Use and Social Change*, London. 274-281.
Canu, G. 1968 'Remarques sur quelques emprunts lexicaux en mo:re', *Journal of West African Languages* 5: 25-34.
Diagne, P. 1971 'Langues africaines, développement économique et culture nationale', *Notes Africaines* 129: 2-19.
Foster, P. 1971 'Problems of literacy in Sub-Saharan Africa', *Current Trends in Linguistics* 7: 587-617.
Houis, M. 1960 'Principes d'orthographe du more', *Notes Africaines* 86: 52-55.
—— 1971 *Anthropologie Linguistique de l'Afrique Noire*. Presses Universitaire de France.
—— 1972 'Linguistique africaine'. Rhonéotypé.
Labov, W. 1972 *Sociolinguistic Patterns*. The University of Pennsylvania Press.
Laubach, F. and Laubach, R.-S. 1960 *Towards World Literacy*. Syracuse: Syracuse University Press.
Mazrui, A.A. 1971 'Islam and the English language in East and West Africa', in W Whiteley (ed.) *Language Use and Social Change*. London. 179-197.
Mulira, M.-K. 1951 *The Vernacular in African Education*. Longman, Green and Co. London.
Naré, L. 1968 'Principes d'orthographe de la langue more', *Notes et Documents Voltaïques* 2 (2): 4-21.
Nikiéma, N. 1974 'Some aspects of the dynamics of Moore phonology', *Informal Working Papers in Applied Linguistics* I, Spring 1974: 1-21.
—— 1975 'Vowel length in Moore: its phonemic status and its orthographic representation', *Proceedings of the Sixth Conference on African Linguistics*, OSU WPL 20: 56-67.
—— 1976 *On the Linguistic Bases of Moore Orthography*. Thèse de Ph.D., Université d'Indiana à Bloomington. University Microfilms International.
—— (en préparation) *Ed Gom Moore* cours pratique d'initiation au moore.
ONEPAFS 1976 *Séminaire sur l'Utilisation des Langues Nationales dans l'Enseignement: l'Alphabétisation et l'Utilisation des Mass-Media*. Ouagadougou, 11-14 octobre 1976. Ouagadougou.
—— 1977 *Mam Pipi Moor Sebre*. Ouagadougou.
OVEA 1975a *Mōs Soalma*. Ouagadougou.
—— 1975b *Soãmba*, Ouagadougou.
Peterson, T.-H. 1971 *Moore Structure: A Generative Analysis of the Tonal System and Aspects of Syntax*. Thèse de Ph.D. University Microfilms.
Sous-Commission du moore 1977 *Comment Transcrire Correctement le moore*. Ouagadougou.
Tauli, V. 1968 *Introduction to a Theory of Language Planning*. Uppsala.
UNESCO 1953 *The Use of Vernacular Languages in Education*. Monograph on Fundamental Education, 8 Paris: UNESCO.
—— 1968 'Comment écrire correctement le moore'. Ouvrage inédit.

NOTES

1   Un compte-rendu critique de *Mam Karemdame* par Jean-Baptiste Bunkungu. Imprimerie Presses Africaines, Ouagadougou, 1972, 63 pages.

2   Nous avons bénéficié des encouragements, critiques et suggestions d'un grand nombre de personnes lors de la rédaction de cet article. Nos remerciements vont tout particulièrement au Dr W. Cooper (Université d'Ohio), au Professeur Charles Bird (Université d'Indiana) ainsi au'à Raphaël Kabore, Tah Asongwed, Pascal Kokora et Beban Chumbow.

3   Ces vers cités dans Mazrui (1968) décrivent bien la situation: And still they gazed, and still the wonder grew - That one small head could carry all the English he knew.

4   Mulira (1951) a décrit une attitude analogue de la masse en Ouganda.

5   D'aucuns diront qu'il n'y a pas besoin de choisir et que toutes les formes dialectales doivent être représentées dans l'orthographe.

6   La lecture ne pose pratiquement aucun problème étant donné que les règles d'interprétation sont très simples:

$\begin{Bmatrix} ea \\ ae \end{Bmatrix}$ ----→ [ε]   (principalement pour les locuteurs de Ouagadougou)

ne ----→ [aj]   (surtout pour les dialectes du Nord)

ea ----→ [ja]   (surtout pour les dialectes de Koupéla)

7   Les transcriptions *booala* dans Houis (1960), et *kãaongo, paaongo* etc... dans *Mam Karemdame* sont étranges et ne reflètent le parler de personne à notre connaissance. Ces mots devraient s'écrire (dans leur ssytème) *booala, kãoongo, paoongo*, etc. Nous avons discuté ailleurs (cf. Nikiéma 1975) des difficultés qui ont pu suggérer ces notations incorrectes.

Summary

THOUGHTS ON METHODS AND MATERIALS FOR MOSSI-SPEAKING ADULTS

Mam Karemdame is a primer originally published in 1972 by Father Jean-Baptiste Bunkungu (a linguist), and which has been used and is still used in adult literacy classes in Moore, the language of nearly half the population of the Republic of Upper Volta.

This document has a double function: it is on the one hand the application and the popularisation of the orthography of Moore as elaborated in 1968 and, on the other hand, an important textbook for the teaching of reading. This article discusses these two roles: examining first some problems in the orthography of Moore. The first, of sociological concern, is the choice of dialect selected for use as the basis of the orthographic representation. There follows an examination of the problems of representing the vowels, in particular the notation for diphthongs and the lengthening of vowels. The second part of the article is devoted to the pedagogic aspects of the material presented in *Mam Karemdame*: the teaching methods, the choice of words and style, and ends on a note underlining the necessity for integrating efforts concerning alphabetisation into the larger framework of plans and projects of national development.

LE KIRUNDI, INSTRUMENT DE DEVELOPPEMENT POLITIQUE, ECONOMIQUE ET CULTUREL

J.-B. NTAHOKAJA

Le kirundi c'est la langue des Barundi. Elle déborde même le Burundi en tous sens puisqu'elle est comprise dans le territoire d'Uvira au Zaïre, dans l'Uha district de Tanzanie, au Rwanda où il a son pendant, le kinyarwanda. Elle est parlée au Bugufi, district de Tanzanie, anciennement uni au Burundi. Le kirundi peut servir de langue d'intercommunication pour environ 10.000.000 de personnes de la zone précitée. D'autre part le Burundi est un pays monolingue, et la langue rundi est sans dialecte, à part quelques parlers marginaux constatables dans le lexique et l'"accent", rarement, et presque pas, dans la structure grammaticale.

L'unité linguistique a favorisé l'unité culturelle et politique: l'entité géopolitique appelée Burundi est sortie du sentiment des interconnexions économico-socio-politiques. Cet héritage multiséculaire reste l'une des valeurs les plus précieuses en elle-même et se trouve être la meilleure enveloppe protectrice ou le musée où sont conservées les autres valeurs de culture: la pensée, les techniques, les arts, y compris l'art de vivre, et de vivre en commun, bref ce qui fait la civilisation du Murundi et de ses frères africains auxquels l'apparente la langue, soit par l'univers qu'elle circonscrit, soit par ses emprunts, ou encore par l'identité de structure.

Le kirundi est une langue bantu. Il s'apparente par conséquent à cet ensemble socio-linguistique qui s'étend du 5e parallèle nord au Nigeria en s'incurvant progressivement vers l'est jusqu'au parallèle 0°30˝au Kenya, et qui embrasse tout le domaine de l'Afrique centrale et australe, à part quelques enclaves formées par les langues nilotiques ou khoïsanes. Les plus proches parents du kirundi ce sont le kinyarwanda au Rwanda, le mashi, le kinande, le luba, au Zaïre, le giha, le gifipa, en Tanzanie, le runyankore et le luganda, en Uganda. Le milieu géographique de la région a favorisé l'éclosion d'institutions fort semblables dont nous retrouvons le reflet dans le vocabulaire. Une étude lexicale comparative constituerait un enrichissement de notre connaissance mutuelle. Puisqu'un intérêt nouveau en faveur des langues africaines semble se généraliser ne pourrions-nous pas envisager une équipe de chercheurs chargée d'explorer ce domaine bien précis? Outre la linguistique, plusieurs disciplines y trouveraient leur compte: l'anthropologie et l'histoire en particulier. Les modalités d'exécution du projet seraient fixées par la commission créée ad hoc. Sans viser des applications immédiatement pratiques nous ne pouvons pas ignorer l'appoint que ce travail apporterait à la connaissance des langues locales en mal de terminologie dans certains domaines. En effet si le mot adéquat existe dans une langue voisine, il serait superflu de se livrer à des exercices de créations nouvelles plus ou moins réussies ou de recourir à des emprunts à des langues étrangères. D'autre part un projet du genre ne porte aucun préjudice à la politique linguistique des pays concernés, il ne peut qu'y contribuer efficacement par sa caution scientifique et son caractère interrégional.

Le kirundi, langue nationale, a été proclamée aussi langue officielle. Les textes de loi et les autres documents officiels sont publiés en kirundi et en français, deuxième langue officielle d'après la constitution. Les meetings populaires se font naturellement en langue nationale. Celle-ci occupe, comme il se doit, une place dans les départements de l'information et de l'éducation.

Dès ses origines en 1962 le bulletin officiel du Burundi sous la traduction de *Ikinyâmakûru c-ibitégekwa mu Burŭndi* est publié en textes juxtaposés kirundi et français. La charte du Parti Uprona fut conçue en français et traduite dans l'autre langue officielle.

La Commission pour la codification et la modernisation du droit coutumier constituée de juristes et d'experts en matière coutumières opère conjointement en français et en kirundi.

Les tribunaux en général adoptent la langue des plaideurs ou reocurent aux traductions, le cas échéant. Toutefois les avocats, même indigènes au sens latin du terme, ne maîtrisent pas suffisamment leur langue et se trouvent plus à l'aise en français. C'est un fait notoire que les intellectuels Barundi manient moins bien leur langue que leurs compatriotes illettrés, je veux dire ceuz qui n'ont pas été moulés par l'école à l'occidentale. Cette anomalie est de plus en plus ressentie comme une lacune dans notre système d'enseignement car l'on a des preuves convaincantes que le défaut n'est pas tant attribuable à la langue qui serait plus pauvre qu'une autre qu'a une déformation chez ses usagers.

Puisqu'il s'agit de revaloriser la culture africaine la promotion des langues nationales s'avère être un préalable obligé, toute initiative dans ce sens devrait être soutenue et encouragée. En effet tous les secteurs de la vie nationale sont concernés, l'économie, l'information, l'éducation, la promotion sociale. Point n'est besoin de développer des arguments devenus des lieux communs, pour montrer le lien entre l'alphabétisation des masses en langue nationale et le développement économique et social.

Le Burundi, pays monolingue, n'a pas eu l'épineux problème d'opter pour tel ou tel dialecte à ériger en langue nationale et à diffuser à grand renfort de frais, de réclame et d'adresse. Cette unité linguistique permer d'entamer d'emblée l'étape suivante, celle d'embarquer dans le véhicule de la pensée qu'est la langue le message propre à notre monde moderne.

Le kirundi s'est avéré être un instrument apte à exprimer toute les palpitations du monde contemporain: à la radio nationale le speaker doit pouvoir lire et traduire en sa langue le message de son téléscripteur, qu'il s'agisse des conquêtes de la science et de la technique ou de l'imbroglio politique.

Sur le plan socio-culturel local le kirundi est un outil irremplaçable. La diffusion d'idées et de méthodes nouvelles se fait infiniment plus vite dans la langue "maternelle" et touche un plus grand nombre. Le paysan Murundi n'a pas besoin de parler français pour savoir les soins à donner à

son café ou à son coton, ni le commerçant local pour réaliser sa petite
spéculation comme il se doit. Et puis le kirundi vient de faire son entrée
en scène par le théâtre. Dans l'oeuvre dramatique si un Murundi crée, il
faut que ce soit dans sa langue. Certes nous ne nous attendions pas à ce
que les coups d'essai fussent des coups de maître, les Shakespear et les
Racine ont eu des précurseurs. Les pièces de théâtre qui ont été représentées ces dernières années dans les grandes agglomération ont eu du succès
et vont susciter sûrement l'émulation. Il va falloir sans doute instituer
une critique organisée comme celle qui vient de couronner les lauréats de
la chanson. L'on se gardera bien, nous l'espérons, d'imposer des stéréotypes
empruntés et des carcans tout juste bons à couper les ailes à l'inspiration,
mais dans le domaine de l'art, tout le monde en conviendra, le talent doit
être servi par le métier; pour être belle, l'oeuvre d'art doit satisfaire à
certaines exigences que l'artiste et ses critiques ne peuvent pas ignorer.

Dans le domaine de l'enseignement le kirundi, progressivement, retrouve sa place. Longtemps il a servi à livrer les connaissances de base
du niveau primaire, l'apprentissage du français restant réservé au niveau
secondaire. Les dirigeants et l'élite intellectuelle d'aujourd'hui sont
sortis de ce régime qui s'avère par ce fait défendable, je dirais même,
rentable.

Vers la fin de la période coloniale des influences étrangères ont
réussi à écarter le kirundi comme langue d'enseignement dans le programme
mis en vigueur depuis 1961. Mais de nouveau une réaction vient de se
produire, rétablissant le kirundi dans ses anciens droits de langue de
l'enseignement primaire, le français restant l'une des matières du programme et seulement au second degré.

Au temps de la tutelle belge l'administration avait imposé dans
l'enseignement secondaire le programme dit métropolitain comportant l'étude
de trois langues européennes, à savoir le français, première langue, le
flamand, deuxième, et l'anglais ou l'allemand, troisième langue.

A l'initiative d'un certain nombre de personnes, dont l'auteur de ces
lignes, il fut reconnu qu'au moins la deuxième place devait revenir au kirundi,
langue nationale.

Il a fallu relever le défi des stratèges de l'assistance technique
de tout calibre qui certifiaient qu'il était impossible de meubler les deux
heures hebdomadaires imparties à la deuxième langue. Le promoteur du projet,
président de l'Académie de langue et littérature rundi se fit fort de produire la matière de cet enseignement; grammaire, textes originaux dans tous
les genres pratiqués au Burundi, parurent à un rythme accéléré. Il vient
de s'y ajouter un oeuvre d'anthropologie décrivant les us et coutumes de la
vie traditionnelle. Toute cette production en est restée par la force des
choses au niveau artisanal. Avec des moyens strictement personnels l'on ne
peut se lancer dans une entreprise d'envergure malgré l'appui moral assuré
des organes habilités à statuer dans ce domaine. Ces ouvrages sont donc
publiés sous une forme provisoire c'est-à-dire en polycopie et en nombre
limité.

Comme tout le monde le sait, le stencil se prêtant mal à la conservation chaque reproduction réclame un effort de réédition. Mais nous ne
serions plus nous-mêmes si nous perdions courage dans ce travail de nègre
dans toutes les acceptions du terme. On ne peut toutefois s'empêcher de

penser que ce même élan secondé par les techniques adéquates irait plus vite et plus loin. Mais qu'à cela ne tienne, l'essentiel était de sauver de l'oubli ce que nous ayons de meilleur, à savoir la marque de notre identité, et nous comptons y parvenir, bon gré mal gré la décolonisation des esprits fait son chemin.

Au cours de cette fouille, car c'en est une, le moisson s'est avérée fort riche. L'imagination, la mémoire ne sont pas mortes, mais souvent l'on trouve des variations sur des thèmes connus, il s'opère des substitutions de personnages ou de rôles, le vocabulaire authentique est remplacé par des mots d'emprunt, la langue s'appauvrit. Il est plus que temps de la sauver de l'érosion qui l'a déjà entamée suite à l'envahissement de termes et de tournures dus à une pluriculture mal assimilée. L'école, d'une part, le milieu urbain, de l'autre, sont responsables de cet état de chose. La loi du moindre effort aidant, un certain snobisme aussi, la langue se trouvera bientôt être un tissu de phrases mi françaises, mi swahili, mi kirundi. Nous ne prônons pas un purisme à tout prix, il est dès des réalités d'introduction récente qui sont entrées chez nous avec leur signifiant sans correspondant en notre langue, certains mots sont bien naturalisés, ils se sont si bien adaptés à la structure locale qu'ils ne sont plus sentis comme étrangers, ils sont entrés pour de bon dans notre vocabulaire, on voudrait les déloger qu'on n'y parviendrait pas. Pour un Murundi d'aujourd'hui 'couverture' se dit *uburengeti*, un nom de la classe 14 qui fait son diminutif en *karengeti* classe 12, et son pluriel en *marengeti* classe 5, on ne voit plus ce qu'il a de commun avec l'anglais 'blanket'.

C'est un traitement semblable qui a fait fu mot anglais 'motor car' *imodoka* (classe 9) et son doublet *umuduga* (classe 3) voiture automobile, et *imiduga* au pluriel (classe 4). Par bonheur le mot 'avion' dérivé du latin *avis* 'oiseau' a eu sa réplique en swahili *ndege* 'oiseau', qui a été adopté tel quel en Kirundi.

Dans la politique, l'administration et l'armée certains titres et grades aont plus difficiles à rendre: naguère 'le chef de l'Etat' *umukuru w-igihugu* c'était le *mwami* le 'roi'. La notion de Président de la République exclut le titre de *mwami* par tout ce qu'elle comporte de radical dans le changement du régime.

Aujourd'hui l'expression *umukuru w-igihugu* 'le chef de l'Etat' s'identifie avec le président de la République, il n'est donc pas besoin d'inventer un terme nouveau. Il n'en est pas de même des grades de l'armée. Il a existé bel et bien dans les structures traditionnelles une organisation militaire, mais l'on serait embarrassé de trouver dans le langage ancien l'étiquette adéquate aux échelons et hiérarchies modernes. Le cas est pareil dans la hiérarchie ecclésiastique. Dans ce cas, comme souvent en langue, l'usage est souverain, quand une appellation nouvelle enveloppe un fait nouveau, elle est adoptée comme telle et s'insère dans les catégories connues. Au premier temps une discordance se remarque dans la phonologie, par exemple lorsque le kirundi à voyelles orales emprunte des mots au français à système de voyelles plus complexe: ainsi la voyelle nasale en glissant dans l'oreille des masses perd sa nasalité; de même la syllabe du français s'adapte à la structure phonématique du kirundi, syllabe ouverte du type CV. Le mot 'président' devient en kirundi *umuperezida*, 'directeur' se meut en *diregiteri*.

Tout en nous défendant d'un purisme exagéré nous ressentons le besoin de souligner un devoir urgent, celui de protéger la langue. L'on parle de *Vie et mort des mots*, (Schone, 1947) même pour les langues écrites, qu'en sera-t-il de celles qui ne le sont pas et qui menace au surplus un contexte culturel en changement? C'est une opération de sauvetage qu'il faut réaliser dans les plus brefs délais. Nous ne pouvons pas nous payer le luxe de recréer plus tard, comme la Finlande indépendante une langue nouvelle à partir de débris épars, ou imiter Israël qui à coup de millions a réussi à replâtrer le vieil édifice du vocabulaire biblique et construire dessus les gratte-ciels de la science et de la technique modernes. Pour nous nous pouvons encore rattraper un trésor en perdition. L'évolution rapide de nos sociétés n'admet pas de tergiversation, nous ne pouvons pas laisser aux générations à venir la "reconstitution" de langues que nous sommes à même de leur transmettre vivantes, mais toute la question est de les maintenir en vie en les modernisant.

Au Burundi un grand pas a été fait sur le plan des structures. Devant préparer les futurs professeurs d'enseignement secondaire, l'Ecole normale supérieure a organisé un département conduisant à une spécialisation dans la connaissance du kirundi. De la sorte la transmission du savoir à la manière africaine maître-élève, de bouche à oreille, est assurée. Le programme d'études a varié au cours des années: le professeur de langues devait être apte à enseigner à la fois le français, l'anglais et le kirundi. Puis on en est venu à la bivalence français-kirundi, c'est la situation actuelle.

Le nouveau programme, en cours d'élaboration au sein de la Section "Langues et Littératures Africaines" de la Faculté des Lettres et Sciences Humaines est tout centré sur l'Afrique. Il envisage une large ouverture sur l'Afrique: Langues, Littératures, Anthropologie, Histoire. Il est prévu des échanges de professeurs et d'étudiants entre universités africaines. Nous aimerions voir ces liens institutionalisés et garantis financièrement. Nous soumettons nos voeux aux instances qui nous ont réunis ici et qui nous ont permis de circonscrire nos besoins et de les exprimer. Par l'enseignement qui y est dispensé, par ses travaux de mémoires et de thèses, l'université constitue un centre privilégié de recherche et un foyer de rayonnement, elle doit modeler les niveaux primaire et secondaire.

L'Académie de langue et de littérature rundi, qui a toujours la vie dure, n'a pu jouer le rôle qu'elle s'était fixé, la mobilité de ses membres (la moitié de ceux-ci sont morts), et surtout le manque d'intérêt de la part des organes de décision l'ont empêché de démarrer, la subvention gouvernementale stipulée dans l'acte de création, souvente fois demandée, n'a jamais été octroyée. Actuellement le vent serait plus favorable et de nouvelles démarches sont en cours. La vocation de l'Académie est de protéger la langue et de promouvoir la production littéraire, cela suppose qu'elle jouisse d'un crédit moral et de moyens matériels adéquats. Elle ne fait pas double emploi avec le département universitaire susmentionné, ne serait-ce que par sa composition qui fait appel à diverses spécialités: médecins, juristes par exemple, et pas seulement aux professeurs de langues. Au surplus, de part sa compétence, l'Académie doit pouvoir établir des normes à suivre en matière de langue, dans les écrits et les émissions radiophoniques destinés au grand public, elle forme en la matière une sorte de commission consultative interministérielle, elle est le centre national d'études rundi, le correspndant autorisé du centre régional proposé par l'Unesco dans le programme décennal pour la promotion des langues africaines et des traditions orales.

A son actif l'Académie de langue et de littérature rundi compte quelques ouvrages publiés ou inédits, tels que les reproductions d'oeuvres d'art en vannerie, perlage et fer forgé qui ont vu le jour sous le titre de *Art traditionnel rundi* grâce à un subside de l'Unesco, et une série de manuels d'enseignement secondaire en ronéotypé: une grammaire descriptive: *Indǐmburo y-ĭkirǔndi*, quatre recueils de textes littéraires: *Imigǎni*, *Ibitito*, *Imyǐbutsa*, *Amazina y-ŭbuhizi*, et enfin une étude anthropologique: *Imigēnzo y-ĭkirǔndi*.

Une traduction de ces livres est envisagée, elle est même commencée, elle s'impose; nous voudrions mettre à la disposition de nos collègues d'autres pays des textes où ils puissent trouver des points de rencontre tels que ceux qu'ils nous ont donné l'occasion de lire. Une étude de Lomani sur les *Contes d'animaux dans la littérature orale swahili* (Lovanium 1964) nous rapporte un conte du serpent et de la perdrix en tout point identique à un conte de chez nous. Dans la légende de Kintu, *The Voice of Africa*, (jan. 1948, 45-48) nous trouvons des épisodes retenues par le conteur Murundi. Un récit mythique des Sara du Tchad sous la plume de J. Fortier, *Le Mythe et les contes de Sou en pays Mbaï-Moïssala* apparaît à première vue comme une rhapsodie de deux récits rundi où l'on constate la même conception et les mêmes peripéties.

Sous la plume de Aloysius Gonzaga Katete et Lazaro Kamugunguru le livre intitulé *Abagaba b'Ankole* narre une série d'énigmes posées comme un piège par le roi d'Ankole à l'un de ses sujets. Au Burundi, point par point, questions et réponses, nous avons comme une copie conforme des mêmes devinettes. Du même pays d'Ankole, Henry R. Morris, dans son *The Heroic Recitations of the Bahima of Ankole* nous livre un ensemble de poèmes qui, sauf la langue employée, entreraient sans démarcation dans le répertoire de la poésie épique rundi, thèmes et techniques stylistiques, sont la réplique du genre que nous nommons *Amazina y-ŭbuhizi*. La seule mise par écrit de notre littérature et sa traduction en une langue de grande diffusion nous apporteraient l'avantage d'établir des parallèles, des compléments d'information. Il faut qu'à son tour le Burundi livre son apport, ce sera peut-être le chaînon manquant dans l'aboutement de nos cultures. Dira-t-on que le kirundi et les autres langues africaines, peu habituées à jongler avec les notions abstraites, s'accomodent mal aux disciplines dites de sciences exactes?

On nous accorde généralement une connaissance détaillée du monde végétal et animal se traduisant par une richesse particulièrement abondante de termes spécifiques concrets. L'explication en est fort simple: les primitifs (et nous ne sommes pas sûrs de n'être pas rangés dans la catégorie) les primitifs donc étant plus proches de la nature connaissent de celle-ci les menus détails rendus par une infinité de termes descriptifs. D'après cette conception le nombre de termes abstraits serait proportionnellement inverse de celui des mots concrets.

D'emblée nous répondons que nos langues, dans leurs catégories grammaticales et leur richesse lexicale offrent des possibilités illimitées. Le langage scientifique n'est pas sorti tel quel d'une langue inventée ad hoc, mais bien d'une adaptation et d'une adoption d'un vocabulaire préexistent ou formé selon un modèle d'une structure donnée. La langue suit les lignes d'évolution de la culture. Mieux que les langues mortes, les langues bantu et africaines en général s'avèrent aptes à traduire les réalités du monde moderne à la seule condition de posséder ces langues et savoir ce qu'on veut leur faire dire.

Pour nous l'essentiel n'est pas tant de convaincre les sceptiques et d'instruire ceux qui nous ignorent que de mettre à profit nos richesses linguistiques qui passent inaperçues aux yeux de l'explorateur superficiel. Toutes les notions philosophiques et scientifiques peuvent s'exprimer en notre langue, nous en avons la preuve dans les adages, les proverbes, les termes techniques qui formaient le jargon des métiers traditionnels. Il appartient aux hommes de culture d'opérer le jonction entre le tradition et la modernité que n'oppose, à vrai dire, que la méconnaissance de l'une et de l'autre. L'adage ancien "connais-toi toi-même" semble s'adresser particulièrement à nous qu'un accident historique a conduits à la limite de deux mondes. Il n'y a pas lieu à regret. En connaissance de cause nous assumons notre condition et notre tâche; nous sommes, vous êtes, ils sont assis à la charnière de l'Afrique d'hier, d'aujourd'hui et de demain, c'est-à-dire de toujours.

Mère Afrique, à la lumière de l'histoire, et de l'archéologie plus qu'aucune autre, peut-être proclamée "mère des arts, des armes et des lois". Mais nous n'avons pas besoin de poétiser, la tradition orale, écho lointain de l'ancêtre profondément enseveli au milieu de ses réalisations techniques de l'âge de la pierre, en avance sur son temps, s'affirme et se défend: si les hommes ne parlent pas les pierres parleront.

REFERENCES

Fortier, J. 1967 *Le mythe et les contes de Sou en pays Mbaï-Moïssala*. Julliard, Paris.
Katate, A.C. and Kamugungunu, L. 1955 *Abagaba b'Ankole*. The Eagle Press, Dar es Salaam, Kampala, Nairobi.
Lubambule, Y.B. 1948 'A Ganda Poem, Kintu', *Africa*, 28, 1: 45-48.
Morris, H.F. 1964 *The Heroic Recitations of the Bahima of Ankole*. Oxford University Press.
Ntahokaja, J.-B. 1963 *Ubuhinga Kama, Art traditionnel rundi*, Imp. Graphic-International, Paris.
Schone, U. 1947 *Vie et mort des mots*, PUF.

Summary

KIRUNDI, INSTRUMENT FOR POLITICAL, ECONOMIC AND CULTURAL DEVELOPMENT

Kirundi is the language of the Barundi and even overflows the borders of Burundi. It can serve as the language of communication for about 10 million people. Burundi itself is a monolingual state and such is the linguistic unity of Kirundi, with few dialectal differences or variations, that it favours both cultural and political unity.

Kirundi is a Bantu language, being related to Kinyarwanda, Mashi, Kinande, Luba, Giha, Gifipa, Runyankore and Luganda. A comparative study of these languages' vocabularies would greatly enrich our mutual knowledge.

Kirundi, the national language, has been proclaimed the official language. The promotion of national languages is the necessary preliminary to a revaluing of African culture. Today we have reached the stage of examining our views and imparting a message to the modern world.

Kirundi has established itself as a suitable instrument for expressing all that is required in the modern world. On the local socio-cultural level it is an irreplaceable tool. It has just begun to be used in the theatre.

In the area of education, Kirundi is increasingly making its mark. It has taken up the challenge. A great step forward has been made: Kirundi is on the syllabus of both the Ecole normale supérieure where there is a Department of Kirundi and of the University of Burundi, and an Academy of Kirundi Language and Literature has been formed.

Can one say that our languages cannot adapt to the needs of the sciences? Clearly languages evolve to meet the needs of the people. Mother Africa can be proclaimed "mère des arts, des armes at des lois".

SMALL LANGUAGES IN PRIMARY EDUCATION
THE RIVERS READERS PROJECT AS A CASE HISTORY[1]

KAY WILLIAMSON

1. *Arguments for African languages in education*

Two major reasons are usually given for the use of African languages in education. I will refer to these as the educational and cultural argument.

The educational argument is that it is to the advantage of the child to learn as far as possible through the medium of his own language:

> 'On educational grounds we recommend that the use of the mother tongue be extended to as late a stage in education as possible. In particular, pupils should begin their schooling through the medium of the mother tongue, because they understand it best and because to begin their school life in the mother tongue will make the break between home and school as small as possible' (Unesco 1953).

The cultural argument is that every person has a right to the language, traditions and insights of his ancestors, and that he is culturally deprived if he is cut off from them by receiving his whole education and orientation to the modern world through a foreign language. It is also implicit in this view that every language and culture is interesting and valuable in its own right, and that it has a contribution to make to the total of human experience and wisdom.

2. *Reasons why small languages are often neglected*

These two arguments are widely accepted in principle, and are often put into practice for primary education in the case of languages with large numbers of speakers. Those with only a small number of speakers (here abbreviated to 'small languages') are usually ignored. Yet the educational and cultural arguments clearly apply to them just as much as to large ones. Why, then, are they ignored?

Two reasons are generally explicit or implicit in the rejection of small languages. The first is an ideological one, the second a practical one.

The ideological argument is that to encourage the reading and writing of a multiplicity of small languages, will seriously hinder the development of a feeling of national or regional unity.

The practical argument is that it will be prohibitively costly, in terms of time or expense, to develop written materials and train teachers in a large number of small languages.

The premise behind the ideological argument is that a common language encourages a sense of unity. This is sometimes but by no means always true.

It is true when its speakers accept the common language as a symbol or bond of their unity. This happens most often when it is the first language of themselves and their ancestors. If, however, the common language is a second language for some of its speakers, a number of attitudes are possible for those speakers:

1. *Extremely favourable:* they use the common language whenever possible, regard it as more important than their own language, and tend to neglect their own smaller language: e.g. the speakers of Ịdọ (a dialect of Obolo (Andoni) in the Kalabari area, who have identified with the Kalabari and almost lost their own language. (See Jenewari 1975).

2. *Favourable:* they regard the common language as a useful adjunct which gives them membership in a larger community, while keeping a more intimate emotional commitment to their own language: e.g. the attitude of speakers of many Plateau languages to Hausa (Greenberg 1965).

3. *Indifferent:* they regard the common language as a neutral, purely practical medium of expression: e.g. the attitude of many Nigerians to Pidgin.

4. *Hostile:* they regard the common language as something forced upon them to deprive them of identity: e.g. the attitude of the Welsh Language Society to English.

Now, clearly, the large language can only be a helpful bond of unity where attitudes to it are not hostile. Attempts to encourage or impose the larger language on communities which have predominantly hostile attitudes will simply reinforce the earlier hostility and create further resentment. It is unrealistic and almost certainly futile to seek to impose a larger language on a hostile community.

The ideological argument, therefore, can be answered thus: a common language serves to cement unity only where there is already a will, or at least no opposition, to such unity.

Where such opposition exists, we suggest that it is wiser to recognize the small language, e.g. by using it in the earliest years of education, and then try to change over to the larger language, if necessary, later. At this stage it is probably wiser to stress the practical usefulness of the larger language rather than its role as a bond of unity.

There are also areas where no one larger language has been historically dominant and where, therefore, use of a larger language is impracticable. Here the ideological argument is more obviously inapplicable, once the true situation is known. For example, in the northern part of the Cross River State of Nigeria Efik is little known, although it is an important lingua franca in the southern part of the State.

We may now turn to the practical argument against the use of small languages which can never be used over a wide area or support a large reading public. It is claimed that it is prohibitively expensive of both time and materials if materials are produced for schools in such small languages.

This would probably be so if each small language was treated as a completely separate entity in terms of development. If however, a common plan is worked out, into which each individual language is fitted, it is quite possible to run a programme for a number of small languages which is not prohibitively expensive.

3. *The language situation in Rivers State*

Such an experiment has been tried in Rivers State. This state originally comprised languages belonging to five different linguistic groups, and two more groups were added by the boundary adjustments of 1977. It thus constitutes a miniature Nigeria in its linguistic diversity.

Most of the linguistic groups contain more than one speech community or local language; that is, a community which considers itself united by a common form of speech and distinct from other such communities. The communities are thus self-defined, and the extent to which their self-definition corresponds to linguistic distinctions between "language" and "dialect" accordingly differs. There are cases where the speech community clearly corresponds to a "language", e.g. Eleme. There are others where the speech communities clearly correspond to a number of dialects of the same language, even though the "language" may have no generally accepted common name e.g. Kalabarị, Okrika, Ịbanị and probably Nkọrọ. Other cases are borderline from a purely linguistic point of view; e.g. the relationship of Ikwere to Igbo has given rise to a considerable amount of debate, which will not be reviewed here. It seems to me that it is possible to agree to differ on the purely linguistic aspects of such cases, while accepting that for practical purposes within the Rivers State what counts is the actual self-definition of such communities.

These self-defined linguistic communities function as the basic social and political units of the State. Thus, the use of Nigerian languages in education in the State means the use of the speech-form which identifies each such community. The Ministry of Education has adopted the term "local language" for such speech-forms.

Table 1 lists the local languages of the State, arranged according to linguistic group and indicating their relative size, the Local Government Area (LGA) in which they are currently placed, and an assessment of their understanding of other languages or dialects.

Given a situation of the complexity shown in Table 1, one naturally asks how people communicate. The answer is two-fold. First, there is a high incidence of multilingualism, for many Rivers people speak two, three or even more languages. Secondly, Pidgin and Igbo are widely used as lingua francas in formal situations, and English in formal ones. No one of these is, however, suitable for use in all situations. Fluent knowledge of English is limited to people with a considerable amount of education. Pidgin is not considered dignified enough for formal occasions. Knowledge of Igbo is widespread in the northern and eastern parts of the State, but decreases rapidly as one moves west and south.

TABLE I. LINGUISTIC COMMUNITIES OF THE RIVERS STATE

LINGUISTIC GROUP	CONSTITUENT COMMUNITIES	RELATIVE SIZE	LGA	ASSESSMENT OF UNDERSTANDING OF OTHER LANGUAGES/DIALECTS
I. *Ijọ group*				
A. Eastern Ijọ	*1. Kalabarị	Medium	DELGA	Can communicate freely with Okrika and Ịbanị. Use their own books.
	*2. Okrika	Medium	OLGA and PCCA	Can communicate freely with Kalabarị and Ịbanị. Use their own books.
	*3. Ịbanị	Small	OLGA	Can communicate freely with Kalabarị and Okrika. Use their own books. Most also understand Igbo.
	4. Nkọrọ	Very Small	OLGA	Understand Kalabarị, Okrika and Ịbanị. Use their own books.
B. *Nembe (and Akassa)*	*1. Nembe	Medium	BALGA	Only partial understanding of Eastern Ịjọ. Can communicate with the adjacent Ịzọn dialects but not with those farther away. Use their own books.
C. *Ịzọn*	Many dialects known by the name of their *Ibe* 'clan'. They can all communicate with little or no difficulty.	Large	YELGA and SALGA	The communities near to Nembe can communicate with Nembe and formerly used their books. They now use books in a central form of *Southern Ịzọn. Those in the northern area use books in the Kolokuma dialect, representing *Northern Ịzọn.
D. *Biseni-Ọkọdịa*	1. Biseni	Very small	YELGA	Partly understand Ọkọdịa, and tend to learn Kolokuma for wider communication.
	2. Ọkọdịa	Very small	YELGA	Partly understand Biseni on one side and Kolokuma on the other. Tend to learn Kolokuma for wider communication.

THE RIVERS READERS PROJECT 99

II. *Lower Niger group*	*1. Ekpeye	Medium	ALGA	Only understand neighbouring languages as a result of exposure. Tend to learn Igbo for wider communication. Use their own books.
	*2. Ikwere	Large	KELGA and PCCA	The most similar neighbouring language is Ogbah, but it has not been tested how far Northern Ikwere speakers can communicate with Ogbah. Tend to learn Igbo for wider communication. Use their own books.
	*3. Ogbah	Medium	ALGA	The most closely related language is Ikwere but Ogbah speakers find Central Ikwere hard to understand. Tend to learn Igbo for wider communication. Use their own books.
	*4. Egbema	Small	ALGA	Divided between Imo and Rivers State. Language differs a good deal from Ogbah, and is said to be most similar to Oguta Igbo (this has not been checked). Use their own books.
	*5. Echie	Large	KELGA	Differs a good deal from Ikwere and has more in common with Central Igbo. Use their own books.
	6. Ndoni	Very small?	ALGA	Divided between Bendel and Rivers State. Said to be most closely related to Ųkwųanį (this has not been checked).
	7. Ndoki	Medium?	BOLGA	Divided between Imo and Rivers State. Use a form of Igbo which has not yet been investigated.
	8. Opobo	Small	OLGA	General language is Igbo, though some of the older people are said to use Įbanį. Not yet studied, but probably same as next.

		9. Igbo-Igbanị	Small	OLGA	The Igbo spoken at Bonny. Although not the original language of Bonny, it is more widely spoken there than Ịbanị. Not yet studied, but probably same as what is spoken at Opobo. Unlike all the other communities listed here, the speakers do not form a separate social community but form part of Bonny.
III. *Ogoni group*		*1. Kana (Khana)	Large	BOLGA	Has a number of dialects, of which Tai seems to be most distinct. Most similar to Gokana, and speakers at the borders can communicate with each other. Use their own books.
		*2. Gokana	Large	BOLGA	Most similar to Kana, and speakers at the borders can communicate. Use their own books.
		3. Ogoi	Very small	BOLGA	This community has a rather distinct speech form, but they apparently learn Kana, Gokana and Eleme to communicate with their neighbours.
		*4. Eleme	Medium	OLGA	A very distinct language differing sharply from all its neighbours. Use their own books.
IV. *Central Delta group*		*1. Abua	Medium	ALGA	Most similar to Oḍual. Use their own books.
		*2. Oḍual	Small	ALGA	Most similar to Abua on one side and Kụgbọ on the other. Use their own books.
		*3. Kụgbọ	Very small	ALGA	Most similar to Oḍual on the one side and Ogbia on the other.

THE RIVERS READERS PROJECT   101

		*4. Ogbia	Medium	BALGA	The northern dialect Kolo is more similar to Kụgbọ, but the written language is based on the Oloibiri dialect. The older generation tended to learn Nembe but the younger generation do not. Use their own books.
		5. Mini	Very small	BALGA	Not yet well studied. The community is not far from Nembe.
		6. Ogbogolo	Very small	ALGA	Not yet well studied. It is not certain how far they could understand Abua.
		7. Ogbrọnụagụm	Very small	DELGA	Not yet well studied. Speakers tend to learn Kalabarị for wider communication.
		8. Obulom (Abuloma)	Very small	PCCA	Speakers learn Okrika, Ikwere and Igbo for wider communciation.
V.	*Delta Ẹdoid group*	*1. Epie(-Atissa)	Small	YELGA	Most similar to Engenni. Use their own books.
		*2. Engenni	Small	ALGA	Most similar to Epie on the one side and Degema on the other. Use their own books.
		*3. Degema	Small	DELGA	Most similar to Engenni. Tend to learn Kalabarị for wider communication, but feel strongly about their own language. Use their own books.
VI.	*Lower Cross group*	*1. Obolo (Andoni)	Medium?	OLGA	Is related to Efik-Ibibio but not closely enough for communication. Use their own books.
VII.	*Defaka (Afakani)*	1. Defaka (Afakani)	Very small	OLGA	A very distinct language whose relationships are not yet clear. Spoken only in one ward of Nkọrọ town.

On the other hand, no one Rivers language is spoken widely enough outside its home area to be generally acceptable. For regular news broadcasting it has been found necessary to adopt four languages: Ikwere, Izon, Kalabari, and Kana; a few others have subsidiary programmes. For other purposes, such as school and church use, the only practicable solution seems to be to use whatever is the local language. It is this solution which has led to the Rivers Readers Project.

4. *The Rivers Readers Project*

The Rivers Readers Project aims to produce readers and supporting materials for primary school use in as many as possible of the local languages of the Rivers State, so that children can learn to read first in their own speech-form before going on to English. So far, it has published materials in all the local languages which are asterisked in Table 1.

The Project is sponsored by the Rivers State Government thorugh its Ministry of Education; Unesco and the Ford Foundation each made a small initial grant in addition. It was originally based at the University of Ibadan and was transferred to the University of Port Harcourt in 1977. It is organized by the Rivers Readers Committee, consisting of Professor E.J. Alagoa (Professor of History and currently Dean of the School of Humanities, University of Prot Harcourt), Mr. O.A. Nduka (a specialist in the philosophy of education, currently of the Faculty of Education, University of Ibadan), Mr. F.B. Pog-Osia (representing the Ministry of Education, Rivers State), and the present writer (currently Director of Language Studies, University of Port Harcourt).

From experience it has been found that the first requirement for producing a reader is to set up a Language Committee for each community. This should represent all the dialects or ethnic subdivisions recognized by the people so as to forestall any suggestion that one group is trying to force its dialect on the rest. It should include experienced teachers, people who are recognized as good speakers of the language, and representatives of the various church denominations. In some cases a church committee for the translation of prayers, hymns, or Bible portions is already in existence and is able to undertake new functions or to form the nucleus of a wider committee; in other cases a committee is formed specially for the work in hand.

The function of the Language Committee is to represent the general feelings of the people about their language, to agree on an orthography, to go over in detail the drafts of the reader, and to launch the final product successfully in the community. All of these are extremely important functions; the Language Committee provides the contact with the local community and guides the often considerable enthusiasm of the speakers of the language into productive channels. It is of little use to produce a linguistically sound orthography and a pedagogically sound book if none of the local people know how to make use of it; the members of the Language Committee, by working with the Rivers Readers Committee during the production of the book, gain sufficient understanding to be able to guide the wider community when the book is launched.

To write the actual text of the first-year reader, an individual (normally selected by the Language Committee) is asked to produce a draft following the general outline and using the agreed orthography. This draft is then checked by the Language Committee to see if it is acceptable; the Committee is asked to check if the language is idiomatic but usually prefers to concentrate on "correctness" - a concept which gives rise to as much discussion in Rivers languages as it does in English.

The finally agreed text is handwritten by an artist in bold letters on a page which already bears the pictures, and the whole is reproduced by lithograph and bound. A mimeographed book of Teachers' Notes is produced to accompany each reader; again, these follow a fixed pattern. A booklet explaining the orthography is also produced for each language, directed mainly at the teachers.

When the books are ready, the Ministry of Education makes arrangements for a formal launching of the book in the headquarters of the language. The Language Committee and community leaders are invited on the first day, together with two teachers from each school in the language area. The first day is devoted to an explanation of the book, the method teachers should use in the classroom, a discussion of the orthography and publicity for the books. The second day is intended just for the teachers; there is a demonstration lesson and then practice for the teachers in using the orthography.

The distribution of books is undertaken by the Ministry. In 1976, it was decided to make use of the books of the Project in the Universal Primary Education scheme.

Supporting materials for the readers are:

1. Teachers' Notes, which have been produced by mimeographed form. Their aim is to provide guidance both for the inexperienced teacher and for the teacher who, though experienced, is used to a different approach.

2. Orthography booklets, designed to explain the orthography used in the readers to the teachers and the general public.

3. Occasional publications, designed to encourage reading by producing supplementary material. Some of these are being published in co-operation with the Rivers State Council for Arts and Culture.

5. *Assessment of the Project*

The Project has aroused a good deal of interest in the various language areas of the State, and at the local level there is considerable support for it.

We have not yet, however, achieved the aim of the Project, which is to have every child learning to read first in his or her own language. The reasons appear to be the following:

1. Although the "Local Language" is in theory included on the timetable, it is not a subject that has in the past been accorded much importance. Teachers have therefore concentrated much more on the teaching of English.

2. This attitude was reinforced in former times when the so-called "Vernacular" on the timetable was often a different language from the child's mother tongue. Although this is no longer the case, the old attitudes have not yet seriously changed.

3. In Teacher Training Colleges the future teachers are taught how to handle the teaching of English, but not the teaching of the mother tongue.

4. Teachers have had very little, if any, practice in writing their own language, let alone teaching it.

5. We have normally produced our readers in a revised orthography. Although we have produced a booklet in most cases to explain the principles followed, teachers need time and practice in order to become familiar with the revised orthography.

As a result of these problems, teachers are happy to see books produced in their own language but are not yet equipped to make proper use of them. Our conferences for teachers serve a useful purpose in introducing the books to the public, but are not long or intensive enough for the majority of teachers. In any case, only two or three teachers can be invited from each school.

If, therefore, these books are to be as effective as they should be, teachers will have to be trained to use them by in-service courses for those who are already teaching and by the introduction of Local Language Teaching Method in the Teacher Training Colleges. A beginning has been made by the induction course organised by the Ministry of Education for U.P.E. teachers, which in 1977 had a special associated workshop on local languages.

6. *Lessons from the Project*

There are three major lessons that can be drawn from the Project. One is that it is not impossible, as is sometimes thought, to use even small languages in primary education if there is a willingness to devote a certain amount of time and effort to it. It is far easier to provide for twenty small languages as part of a co-ordinated project, than for four or five of them as completely independent projects. This type of project could well be applied to other multilingual areas in Nigeria or elsewhere in Africa.

The second conclusion is that a project of this kind needs the active support and encouragement of the Government in the area concerned. The Rivers State Government has, after due consideration of the particular language situation of the State, decided that a multilingual approach is desirable. This decision has led it to its very enlightened policy on the importance of encouraging the use of the mother tongue in primary education, a policy which could well serve as an example to other governments.

The third conclusion in that a project like this requires co-operation between the speakers of the language, on the one hand, and linguistics and educationalists, on the other. The academics contribute the results of their study and wider experience: the speakers contribute their knowledge of the language, their enthusiasm, and their ability to organize support at the community level. This kind of co-operation, working towards the practical development of a language, is what makes the project really rewarding.

REFERENCES

Greenberg, J.H. 1965 'Urbanization migration and language', in H. Kuper (ed.) *Urbanization and migration in West Africa.* reprinted in Greenberg, J.H., *Language, culture and communication*; 198-211.
Jenewari, C. 1975 'Language use in the Eastern Niger Delta', in *Rivers Research Scheme: first interim report.* Institute of African Studies, University of Ibadan.
UNESCO 1953 *The use of vernacular languages in education.* Paris.

NOTES

[1] This paper was also presented at the Kaduma Symposium organized by the Federal Ministry of Education, Lagos, and is to be published in the proceedings of the Symposium. The version here has been revised in the light of the debate at Kaduna. This is to appear in *Language Education in Nigeria: Proceedings of the Kaduna Language Symposium Oct. 31 - Nov. 4, 1977* (in press) edited by Ayo Bamgbose and published by the Language Centre of the Federal Ministry of Education.

Résumé

LES PARLERS DANS L'EDUCATION PRIMAIRE: L'EXEMPLE DU READERS PROJECT DANS LE RIVERS

Bien que l'on admette communément qu'il est préférable que les enfants effectuent leur instruction dans leur langue maternelle, ce principe n'est appliqué d'habitude que dans le cas des langues communes. En effet on croit souvent que l'usage des parlers encourage la désunion et qu'il entraîne des coûts prohibitifs. Au contraire, on affirme dans le present rapport que, dans les zones où il n'existe pas une langue unique connue de tous ou dans celles où la pratique de cette seule langue se heurte à des attitudes hostiles, il n'est pas raisonnable d'insister sur l'usage d'une telle langue, usage dont la mise en application serait difficilement réalisable. Il est possible de mettre en pied un programme coordonnant l'usage d'un certain nombre de parlers. Suit une description d'un exemple, le Readers Project du Rivers dans l'état multilingue du Rivers au Nigéria: les conclusions de cet examen montrent qu'il est possible, au prix d'un effort continu, d'utiliser les parlers dans l'éducation primaire. De plus, le soutien du gouvernement est nécessaire à l'efficacité d'un tel programme et les meilleurs résultats proviennent d'une coopération entre linguistes et éducateurs d'une part et d'autre part la communauté locale interéssée.

APPENDIX

LISTE DES ARTICLES PRESENTE A KINSHASA
LIST OF PAPERS PRESENTED AT KINSHASA

AGBOTON Gaston	:	Promotion de langues nationales
ALEXANDRE Pierre	:	Lièvre et hyène au programme
ANDRZEJEWSKI, B.W.	:	The development of Somali as a national medium of education and literature
ANSRE Gilbert	:	Four rationalisations for maintaining European languages in Africa: a critique
BAMGBOSE Ayo	:	African language education: a sociolinguistic perspective
CALVET Louis-Jean	:	De l'alphabétisation à l'école. Réflexions sur l'exemple malien
CHIWONA P.H.	:	The role of local languages in economic and cultural development
CRIPWELL Kenneth	:	The mother tongue and non-formal education
DALBY David	:	The language map of Africa
FAIK Sully	:	Est-il possible de mesurer les chances d'une politique linguistique en pays multilingue?
GABJANDA J.D. & BELL H.	:	Language and education in the Sudan: present trends
GALTIER Gérard	:	Les possibilités de standardisation de la langue mandingue
HOUIS Maurice	:	Le problème du choix de langues en Afrique
JERNUDD B.	:	Planning for language learning and language use in education in Sudan
JUNGRAITHMAYR H.	:	African languages as curriculum subjects: the comparative historical aspect
KANE F.	:	Les chances du Wolof à devenir langue d'éducation du Sénégal
LUPUKISA Wasamba	:	De la problématique d'une variété linguistique unique de l'enseignement au Zaïre
MATEENE Kahombo	:	Des langues africaines comme véhicule d'autres langues africaines
MASIEA John R.	:	The possibility of applying the conjunctive form of writing to the Sotho languages
MBASSI-MANGA F.	:	Suggested syllabus for a three year nursery education followed by a five year primary education in African languages
MHINA G.A.	:	The Tanzanian experience in the use of an African language in education. A case for Swahili
MUFUTA Kabemba	:	Le langage littéraire classique et la correction
NGANDU P. Nkashama	:	La littérature et la conscience propédeutique
NIKIEMA Norbert	:	Réflexions sur les méthodes et matériaux d'enseignement de la lecture aux adultes Mosi
NWACHUKWU P. Akujuobi	:	Problems of language standardisation in a multi-dialect situation - the Igbo experience
N'SANDA Wamenka	:	Quelques réflexions sur l'éducation en Afrique précoloniale et l'éducation du type occidental
NTAHOKAJA J.B.	:	Le Kirundi, instrument de développement politique, économique et culturel

ROMBAUT Marc   : Acculturation, langages et littérature en Afrique
SANNEH L.O.   : The Arabic language in African education
TSHIAMALENGA Ntumba   : Acculturation linguistique et confusion des
                         langages en Afrique. Le cas des philosophies
                         africaines
WILLIAMSON Kay   : Small languages in primary education: the Rivers
                         Readers project as a case history

STATEMENT OF IAI POLICY ON AFRICAN LANGUAGES IN EDUCATION

We cite below in full the often quoted, unanimous resolution of the IAI's Executive Council at its meeting held forty-nine years ago in Rome, on October 2nd 1930:

"It is a universally acknowledged principle in modern education that a child should receive instruction both in and through his mother tongue and this privilege should not be withheld from the African child. That there are in certain cases difficulties in education through the medium of the local language is undeniable. But experience in many parts of Africa has shown that they are not insurmountable and that they are far outweighed by the advantages resulting from instruction in the local language. The child should learn to love and respect the mental heritage of his own people, and the natural and necessary expression of this heritage is the language. We are of opinion that no education which leads to the alienation of the child from his ancestral environment can be right, nor can it achieve the most important aim of education, which consists in developing the powers and character of the pupil. Neglect of the local language involves the danger of crippling and destroying the pupil's productive powers by forcing him to express himself in a language foreign both to himself and to the genius of his race.

As a general rule, therefore, during the first three years of school education instruction should be carried on exclusively in an African language, and we understand that there is a considerable body of educational experience which supports us in this opinion. We consider that no European language should be taught during that time, and that it should be followed by a period during which the pupil begins to learn a European language while other instruction is continued in the local language.

We recognize that it is undoubtedly necessary for the progress of Africa that many Africans should acquire a thorough knowledge of a European language in order to obtain free access to the sources of western life and thought, but these will be better understood and more appreciated by the student if he has first learned to think in his own language and to understand his own civilization. Further, the acquisition of a European language will require less time and will be done more intelligently by a student who has a real knowledge of his own language. In higher education when a European language has become the medium of instruction African languages should not be neglected, but should be made the subject of literary study with a view to the improvement of those languages and the production of literatures. It is through the cultivation of African languages in higher institutions that the educated classes can remain in living contact with the masses and that western knowledge can become the means of promoting the advancement of the whole people."

For Product Safety Concerns and Information please contact our EU representative GPSR@taylorandfrancis.com
Taylor & Francis Verlag GmbH, Kaufingerstraße 24, 80331 München, Germany